高等职业学校"十四五"规划跨境贸易专业群建设"岗课赛证"融通新形态精品教材

越境EC日本語

跨境电商日语

主　编◎李育英

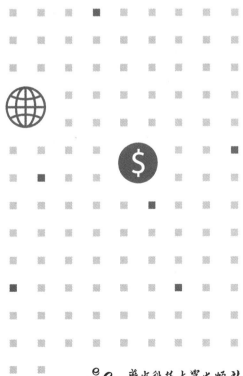

华中科技大学出版社
http://press.hust.edu.cn
中国·武汉

内 容 提 要

本书是高等职业学校"十四五"规划跨境贸易专业群建设"岗课赛证"融通新形态系列教材之一。

全书内容以跨境电商流程为主线、平台运营实操为主要内容，涵盖账户注册、选品采购、产品上传、产品文案撰写、营销推广、发货操作、售后客服等工作内容，旨在培养学生日语能力的同时，培养学生跨境电商工作岗位技能。

本书教学资源丰富，提供教学大纲、教学标准、PPT 课件、教案、微课视频、拓展视频、每章测试卷和期末试卷等。

本书可作为高等职业院校、高等专科院校、本科职业院校财经商贸类及语言类专业的教材。

图书在版编目（CIP）数据

跨境电商日语 / 李育英主编. -- 武汉：华中科技大学出版社，2024.7. --（高等职业学校"十四五"规划跨境贸易专业群建设"岗课赛证"融通新形态精品教材）. -- ISBN 978-7-5772-0943-2

Ⅰ．F713.36

中国国家版本馆 CIP 数据核字第 2024PQ9544 号

跨境电商日语   李育英   主编
Kuajing Dianshang Riyu

策划编辑：陈培斌	
责任编辑：张汇娟 陈培斌	
封面设计：廖亚萍	
责任校对：张汇娟	
责任监印：周治超	
出版发行：华中科技大学出版社（中国•武汉）	电话：(027) 81321913
武汉市东湖新技术开发区华工科技园	邮编：430223
录　排：华中科技大学出版社美编室	
印　刷：武汉科源印刷设计有限公司	
开　本：787mm×1092mm　1/16	
印　张：10.75	
字　数：243 千字	
版　次：2024 年 7 月第 1 版第 1 次印刷	
定　价：39.80 元	

本书若有印装质量问题，请向出版社营销中心调换
全国免费服务热线：400-6679-118　竭诚为您服务
版权所有　侵权必究

高等职业学校"十四五"规划跨境贸易专业群建设
"岗课赛证"融通新形态精品教材

主　编

刘　丹

副主编

吴金娇　　熊　莺

编　委

郭　心　　郭志颖　　李　昕　　李肖爽

李育英　　刘　文　　吴佳妮　　张达阳

总序
General Prologue

党的二十大报告强调,"推动货物贸易优化升级,创新服务贸易发展机制,发展数字贸易,加快建设贸易强国"。推动贸易强国建设是建设现代化经济体系的应有之义,也是全面建设社会主义现代化国家的必然要求,其中,数字贸易将赋予贸易强国建设新动能和新优势。大力发展数字贸易,发挥我国海量数据和超大规模市场优势,对于畅通经济循环,助力经济全球化发展,加快构建新发展格局,推动全球价值链变革,更好地满足人民群众的美好生活需要具有重要意义。

跨境电商正在成为数字服务经济新时代全球经济增长的新引擎。目前,中国在跨境电商市场规模、创新活跃度、数字化应用等衡量指标中居全球首位,具有很强的国际竞争力。然而,各层次跨境电子商务人才的缺乏,成为制约跨境电商及相关产业发展的瓶颈。探索跨境电商新职业标准制定、推动相应职业教育改革,培养适应时代、产业所需的高素质技术技能人才,有利于培育具有国际竞争力的跨境电商市场主体,构建优质跨境贸易生态和稳定全球跨境贸易供应链、产业链、价值链,推动经济结构调整、经济增长,以及带动更广范围的就业与拉动经济复苏。培养拥有国际视野与国际化能力、兼具数字技术知识和互联网思维,同时掌握国际商务运营与管理的复合型人才,将为跨境贸易产业的可持续发展提供长期动力,这不仅能够推动产业发展、提供社会就业、实现绿色可持续发展,更能够将中国主导的行业人才标准、中国教育教学体系推广至其他国家,从教育、文化、经济全方位推动人类命运共同体建设。

2021年4月中旬,中共中央政治局委员、国务院副总理孙春兰在全国职业教育大会上发表讲话时,首次提出职业教育"岗课赛证"综合育人。要求职业教育深化"三教"改革,"岗课赛证"综合育人,提高教育质量。2021年4月下旬,孙春兰在安徽调研时强调,要推动全国职业教育大会精神落地落实,要以"岗课赛证"引领"三教"改革。随后,教育部印发通知贯彻全国职业教育大会精神,要求加快完善人才培养体系,探索"岗课赛证"相互融合。2021年10月,中央办公厅、国务院办公厅印发《关于推动现代职业教育高质量发展的意见》,提出要完善"岗课赛证"综合育人机制,要求"按照生产实际和岗位需求设计开发课程,开发模块化、系统化的实训课程体系"、"深入实施职业技能等级证书制度"、"及时更新教学标准,将新技术、新工艺、新规范、典型生产案例及时纳入教学内容"、"把职业技能等级证书所体现的先进标准融入人才培养方案"等。这是较为系统地、权威地阐述了"岗课赛证"综合育人的核心要义。关于"岗课赛证"

综合育人,我国具有良好的实施基础。职业技能比赛已经组织实施了十多年,2005年国务院提出"定期开展全国性的职业技能竞赛活动",2008年教育部提出"广泛开展职业院校技能竞赛活动,使技能竞赛成为促进教学改革的重要抓手和职业教育制度建设的一项重要内容"。2019年《国家职业教育改革实施方案》提出启动1+X证书制度试点工作以来,教育部、国家发改委、财政部、市场监管总局联合制定了《关于在院校实施"学历证书+若干职业技能等级证书"制度试点方案》,教育部办公厅、国家发改委办公厅、财政部办公厅印发了《关于推进1+X证书制度试点工作的指导意见》等系列文件,扎实推进1+X证书制度。在新时期,我国职业教育推进"岗课赛证"综合育人,需要进一步适应职业教育高质量发展的时代要求,适应经济社会发展的时代变化,不断迭代其内涵与实质、更替其路径与方法,紧扣"岗课赛证"综合育人的根本目标,将"岗课赛证"综合育人融入职业教育教学改革的各项举措。

为贯彻《国家职业教育改革实施方案》,推动专业升级和数字化改造,结合新专业目录的专业设置,落实立德树人的根本任务,建立"岗课赛证"融通综合育人的一体化新形态教材体系,华中科技大学出版社于2021年6月在武汉外语外事职业学院举办"岗课赛证"综合育人一体化教材编写研讨会。我院根据国家关于职业教育教材建设的相关落实文件,率先在省级高水平专业群——"多语种跨境贸易专业群"项目团队启动"岗课赛证"融通教材建设工作,推动教材配套资源和数字教材建设,高起点、高标准建设中国特色高质量职业教育教材体系。教材编写团队以学习者为中心,以职业能力成长为理念厘清逻辑关系,以对接岗位和工作过程为原则整合体系,以分层次、多场景的教学模式赋能课程实施,实现以"能力岗位匹配"客观需求到"岗位课程匹配"的主动供给。同时,多语种跨境贸易专业群教学团队优化教材建设机制,打造融合"岗""证""赛"的新型专业教材,教材内容及时体现产业生产技术发展动态,同时,将产业生产实践和技术升级的变化,及时反映在教材中。

职业教育作为类型教育,在人才培养、专业发展、课程开发、教材建设中有自身特点和规律。本系列教材融入和传承工匠精神,注重与工作岗位相适应,侧重劳动教育和生产实践。在编写理念上,注重弘扬工匠精神。教材开发中,注重将专业精神、职业精神、工匠精神、劳模精神等融入专业课程内容,整套教材的呈现遵循技术技能人才成长规律,遵循高职学生认知特点,突出理论与实践相统一。教材的编写逻辑以工作逻辑、学生认知为主要依据,以真实生产项目、工作任务、典型案例等形式组织教学单元,体现直观性、实用性、职业性等特征。利用"互联网+"技术,增加教材立体化开发,加快教材更新速度,适应新时代发展需要,从而提升教材建设在提高人才培养质量中的基础性作用,为推进职业教育高质量发展和现代职业教育体系建设改革、培养高素质技术技能型人才提供重要支撑。

武汉外语外事职业学院副院长

2023年6月

前言
FOREWORD

随着经济全球化、"互联网+"战略实施，以及大数据、云计算、区块链、智慧物流等技术的广泛应用，中国商贸业快速发展，作为推动经济一体化、贸易全球化的跨境电商新业态应运而生，持续发展壮大。中国商务部数据显示，2023年我国跨境电商进出口2.38万亿元，同比增长15.6%。其中，出口1.83万亿元，同比增长19.6%。随着跨境电商的蓬勃发展和产业升级，规模化、精而细的行业特点使得该领域的人才需求越来越综合化，不仅需要具备国际贸易、电子商务、运营管理的专业知识和技能，还需要有良好的外语水平和在线商务沟通能力，很多跨境电商企业在招聘人才时都提出了"跨境电商岗位职业技能+外语技能"的要求。

我国正处于"两个一百年"奋斗目标历史交汇期，越来越走进世界舞台中央，党的十九大精神提出，要努力培养担当民族复兴大任的时代新人。为全面建设社会主义现代化国家、全面推进中华民族伟大复兴，人才是第一资源，因此必须加快培养熟悉党和国家方针政策、了解我国国情、具有全球视野、熟练运用外语、通晓国际规则、精通国际谈判的专业人才。根据党的二十大精神，结合商务日语、国际经贸、跨境电子商务等专业的职业岗位能力要求，在充分调研和论证的基础上，特此策划和编写了《跨境电商日语》。该教材旨在通过标准规范的跨境电商专业知识、实用多样的跨境电商实操，帮助学生了解并掌握未来工作岗位所需的跨境电商行业基础知识和岗位技能，提升他们的职场日语应用能力。

一、教材特色

（1）每一章根据章节内容设置知识目标、能力目标和素质目标，素质目标紧紧围绕党的二十大精神贯彻落实。

（2）每课设立知识加油站模块，此模块为"1+X"职业技能等级证书知识点模块，旨在提升学生熟悉跨境电商"1+X"职业技能等级证书相关考点知识。

（3）以跨境电商流程为主线、各环节平台运营实操为主要内容，通过充分调研跨境电商业务各个岗位的主要工作，突出学生应掌握的实际工作岗位技能，根据跨境电商平台各运营岗位典型工作任务创造真实的跨境电商日语学习情境。

（4）以亚马逊平台为基础，将日语学习融入每课本文和练习中，比如账户注册、选品采购、产品上传、产品文案撰写、营销推广、发货操作、售后客服等场景。

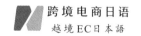

(5) 通过多样化的实战练习强化语言的实际应用，将语言学习与跨境电商专业知识紧密联系起来，以日语能力培养为基础，以跨境电商职业技能培养为主线，以复合型应用能力为核心，使学生能够使用日语熟练操作跨境电商平台。

二、教材结构

本教材根据跨境电商平台运营流程共设置为七章，分别为概要、账户注册、采购、上传商品、市场营销、物流、售后服务。具体内容为：

第一章主要为日本跨境电商概述和日本跨境电商平台概述，每课分为导入、正文、练习、知识加油站四个模块，旨在初步掌握日本跨境电商相关理论知识；

第二章到第七章主要为跨境电商日本亚马逊平台店铺运营相关知识和实操技能，每课分为导入、正文、技能提升实操、练习、知识加油站五个模块。在第一章的基础上，增设技能提升实操模块。通过这些章节的学习，掌握跨境电商日语相关专业知识、跨境电商日语专业词汇、短语、表达，以及账户注册、选品、上传商品、订单管理、物流设置、站内外营销、售后服务等相关知识和技能，熟悉平台操作。

三、选择本书的理由

（1）词汇表达讲解详细，浅显易学。
（2）工作任务式编排，真实易懂。
（3）工作过程式设计，清晰明了。
（4）与"1＋X"职业技能等级证书考点结合，简单实用。

四、编写队伍

本教材主编为武汉外语外事职业学院一线教师李育英，她多年的商务日语教学为教材的编写积累了丰富的理论和实践经验。本书的编写，不仅得到了武汉外语外事职业学院领导的大力支持，还得到了"1＋X跨境电子商务多平台运营职业技能等级证书"组织机构——厦门优优汇联有限公司的大力支持，在此对他们表示衷心的感谢！与此同时，我们得到了华中科技大学出版社相关人员的鼎力帮助，在此一并表示感谢！

本书是武汉外语外事职业学院校级教研项目——欧亚语言专业教学团队（项目编号：2102011803）的项目建设成果。由于时间紧迫、水平有限，错误与不妥之处在所难免，恳请广大读者不吝批评指正，以便修订时加以完善。

编　者
2024 年 1 月

目録
CONTENTS

第一章　概要　1
　第一課　日本越境EC概要　2
　第二課　日本越境ECサイト概要　10

第二章　アカウント作成　18
　第一課　小口出品　19
　第二課　大口出品　29

第三章　仕入れ　33
　第一課　売れる商品をリサーチする　34
　第二課　売れる商品を仕入れする　42

第四章　出品　47
　第一課　商品ページの作り方　48
　第二課　出品価格　58
　第三課　Amazonの商品紹介コンテンツ　63
　第四課　商品名　69

第五章　販売戦略　76
　第一課　Amazon広告　77
　第二課　そのほかの販売戦略　85

第六章　物流　94
　第一課　自己発送　95
　第二課　FBA　100

第七章　アフターサービス　109
　　第一課　注文キャンセルの対応　110
　　第二課　ほかの状況の対応　115

正文翻译　125

参考資料　158

第一章 概要

知识目标

理解跨境电商的概念;掌握跨境电商的分类;了解日本跨境电商的发展现状,市场规模;了解日本三大跨境电商网站的发展现状,分析其各自的优势及发展前景。

能力目标

通过对跨境电商理论以及 B2B、B2C、C2C 概念的讲解,对日本亚马逊、雅虎、乐天三大日本跨境电商网站的讲解,帮助学生掌握理论知识,培养学生的系统思维能力和比较分析问题能力,为后续的学习打下坚实基础。

素质目标

中国跨境电商发展迅猛,稳居世界第一位,培养我国大学生的民族自信心、自豪感和爱国热情;培养新时代大学生开放包容、互相学习、互相借鉴、互利共赢、相互尊重的精神,使其具有家国情怀、全球视野。

第一課　日本越境 EC 概要

一、ウォーミングアップ

（1）ECとはなんですか。
（2）日本の越境ECはどこまで発展してきましたか。
（3）日本の越境ECの市場規模は世界の中でどのような位置付けになっているのですか。

二、本文

「EC」とは？

「EC」とは、インターネットなどのネットワークを介して契約や決済などを行う取引形態のことで、インターネットで、ものを売買することの総称であります。「EC」の「e」とは、「Electronic」の略で、ECの「c」とは、「Commerce」の略で、「EC」とは、つまり、「Electronic Commerce」のことであります。

「EC」は、そもそも、サイトのタイトルに使っている、業界用語の中心のキーワードであるが、場合によっては、「ネットショップ」や「ネット通販」と言われたり、正式には「電子商取引」となります。

ECの内容は大きく3つに分けられます。企業同士の取引をB2B、ネットショップなどの企業と消費者間の取引をB2C、オンラインオークションなどの消費者同士の取引を

第一章　概要

C2Cと呼ばれます。一般的にECと言った場合には、多くの場合、この「B2C」の取引を指すことが多いです。

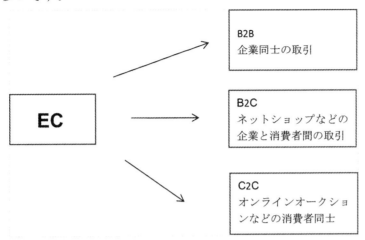

日本 ECの市場規模

日本経済産業省商務情報政策局情報経済課が2023年に発表した令和4年電子商取り引きに関する市場調査報告書によると、日本国内のEC全体の市場規模としては、B2C（物販系分野B2C、サービス分野B2Cとデジタル分野B2Cの総計）に限っても、2021年の市場規模は20兆6,950億円で、2022年は22兆7,449億円となりました。2021年に比べて、2兆499億円増加しました。2013年からの日本のB2C-EC市場規模の推移は以下の通りです。

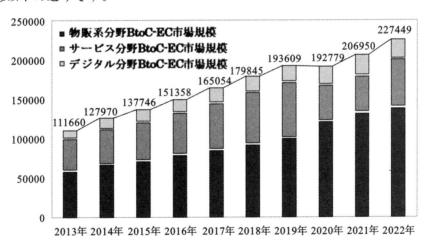

B2C-EC 市場規模の経年推移（単位：億円）

2022年の物販系分野のB2C-EC市場規模は、2021年の13兆2,865億円から7,132億円増加し、13兆9,997億円となりました、増加率は5.37％でした。EC化率は9.13％と2021年より0.35ポイント上昇した。

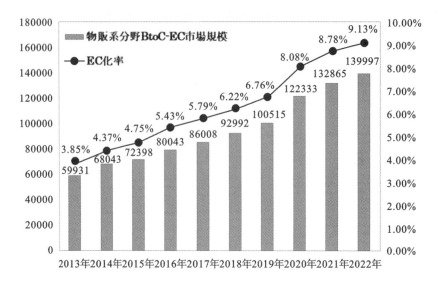

物販系分野の B2C-EC 市場規模及び EC 化率の経年推移（単位：億円）

サービス系分野の B2C-EC 市場規模は、2021 年の 4 兆 6,424 億円から 1 兆 5,053 億円増加し、6 兆 1,477 億円となり、2021 年比 32.43％の増加と大幅な拡大となりました。デジタル系分野の B2C-EC 市場規模は、2021 年の 2 兆 7,661 億円から 1,687 億円減少し、2 兆 5,974 億円となりました。減少率はマイナス 6.10％でした。

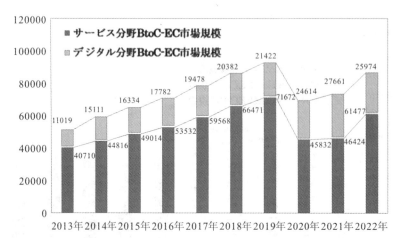

サービス系、デジタル系分野の B2C-EC 市場規模の経年推移（単位：億円）

同じく経済産業省のレポートによると、日本のECの市場規模はここ数年世界で4位を維持しています。上位というと、中国、アメリカの2022年におけるEC市場規模は、中国が2兆8,790億USドルで、米国が1兆328億USドルに達しました。1位の中国が2位のアメリカを2倍以上引き離し独走しました。中国とアメリカのEC市場規模は圧倒的であり、この2国だけで全世界の70％以上のシェアを誇っています。3位にイギリス、5位に韓国、6位にドイツとなっています。

第一章　概要

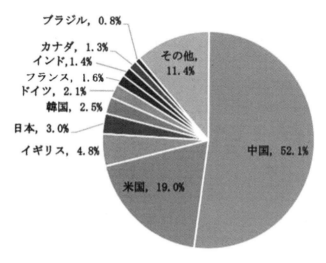

国別 EC 市場シェア（単位：%）

🛒 日本越境 EC 市場規模

越境 EC は、国内向けに展開していた EC 事業を海外の消費者向けに展開し、オンラインで取扱商品を販売するビジネスモデルです。

2023 年 8 月に日本経済産業省から発表された報告書によりますと、日本越境 EC の世界市場規模は急速に拡大しています。2022 年、日本の越境 B2C-EC（米国・中国）の購入額は 3,954 億円となりました。このうち、米国経由の市場規模は 3,561 億円で、中国経由の市場規模は 392 億円でした。

世界の越境 EC 市場では、中国とアメリカが一位と二位ですが、その両国と日本越境 EC について、2023 年、日本経済産業省が「日本．米国．中国 3 か国間の越境 EC の市場規模」というデータを発表しました。

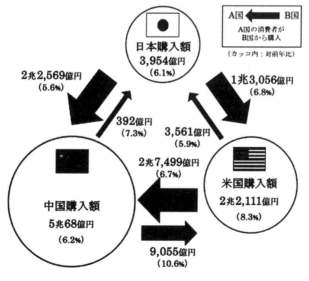

日本・米国・中国 3 ヵ国間の越境 EC 市場規模（単位：億円）

このグラフを見ても分かるように、中国と日本の間の越境EC市場への需要が高まっていることが分かります。越境ECには大きな可能性があることが分かります。

越境EC市場規模が拡大している背景として挙げられるのは、いくつかの理由があります。まず消費者目線で捉えれば、越境EC認知度の上昇、自分が住んでいる国にない商品への購買欲求、自分の国より安価に入手できる、スマートフォンの普及によるインターネット利用率の上昇などが挙げられます。事業者目線で捉えれば、販売ターゲットを自国から世界へ広げろうとする事業者の積極姿勢、物流レベルの発達などがあげられます。

新型コロナ感染拡大を背景に、世界的に"巣ごもり消費"が拡大した背景もあり、世界中でオンラインショッピングが定着しています。その結果、全ての日本企業にとって、「越境EC」事業という海外ビジネスがより身近になっています。そのほか、日本は少子高齢化による国内市場縮小の懸念もあり、海外市場へ目を向ける日本企業は増えてきています。そこで、「次の一手」として、選択肢となるのが、越境ECです。

2023年の越境EC市場は着実に成長を続け、2024年の市場規模はさらに拡大する見込みです。最新の動向では、グローバルな消費者間の取引がますます活発化し、各国のECプラットフォームもその対応を強化しています。新興市場の拡大やテクノロジーの進化により、2024年以降も越境EC市場は急成長を続けると予測されています。越境ECを活用し、ビジネス規模を将来にわたって拡大しましょう。

新出単語：

EC「Electronic Commerce」	「名詞」	电商
契約	「名詞」	合同
決済	「名詞」	结算
取引	「名詞」	交易
電子商取引	「名詞」	电商
オンライン	「名詞」	在线
引き離す	「動詞」	甩开
コロナ	「名詞」	新冠疫情
独走する	「動詞」	单干、领先
圧倒的	「形容動詞」	绝对的、压倒性的
シェア	「名詞」	市场份额
誇る	「動詞」	自豪、杰出
捉える	「動詞」	捕获、抓住
ターゲット	「名詞」	目标

物流レベル	「名詞」	物流水平
懸念	「名詞」	担心、不安

三、練習

(一) 次の漢字の読み方を平仮名で書きなさい。

契約　　　介する　　　決済　　　売買　　　通販
電子商取引　引き離す　捉える　　懸念　　　市場規模

(二) 次の漢字の読み方をA・B・C・Dの中から一つ選びなさい。

1. 日本国内における2019年の流通総額を3兆4,238億円と推測しています。
   A. すいぞく　　　　　　　　B. すいそく
   C. しょうそく　　　　　　　D. しょうぞく

2. 成長が他の国と比較してやや鈍化しているようです。
   A. どんか　　　　　　　　　B. とんか
   C. どんしょう　　　　　　　D. とんしょう

3. コロナ禍によるEC需要もあいまって今後も右肩上がりに伸びていくと考えられます。
   A. ひつよう　　　　　　　　B. ひよう
   C. じゅよう　　　　　　　　D. じゅうよう

4. 商品価値以上の魅力的な体験をユーザーに提供しやすくなります。
   A. ていきゅう　　　　　　　B. てぃきゅう
   C. ていきょ　　　　　　　　D. ていきょう

5. 高速大容量、低遅延、多数同時接続の3点において高規格の5Gは、Vコマースと特に相性がよい。
   A. ていちえん　　　　　　　B. ていそえん
   C. ていそんえん　　　　　　D. ていちえい

(三) 次の文について、正しいのは○、間違っているのは×をつけなさい。

1. 「EC」とは「Electronic Commerce」のことであります。
2. 企業同士の取引をB2Cと呼ばれます。
3. ネットショップなどの企業と消費者間の取引をB2Cと呼ばれます。
4. オンラインオークションなどの消費者同士の取引をC2Cと呼ばれます。
5. 一般的にECと言った場合には、多くの場合、この「C2C」の取引を指すことが多いです。

（四）本文をもう一度読んで、次の_____に正しいものを書き入れなさい。

1.「EC」とは、インターネットなどのネットワークを介して契約や決済などを行う取引形態のことで、_____でものを_____することの総称であります。

2.「EC」は、そもそも、サイトのタイトルに使っている、業界用語の中心のキーワードであるが、場合によっては「_____」や「_____」と言われたり、正式には「_____」となります。

3. ECの内容は大きく3つに分けられます、_____と_____と_____です。

4. 同じく経済産業省のレポートによると、日本のECの市場規模はここ数年_____位を維持しています。

5. 中国とアメリカのB2C-EC市場規模は圧倒的であり、この2国だけで全世界の_____以上のシェアを誇っています。

（五）次の文を中国語に訳しなさい。

越境EC市場規模が拡大している背景として挙げられるのは、いくつかの理由があります。まず消費者目線で捉えれば、越境EC認知度の上昇、自分が住んでいる国にない商品への購買欲求、自分の国より安価に入手できる、スマートフォンの普及によるインターネット利用率の上昇などが挙げられます。事業者目線で捉えれば、販売ターゲットを自国から世界へ広げようとする事業者の積極姿勢、物流レベルの発達などがあげられます。

四、知识加油站

中国跨境电商市场数据报告

中国全国各地都高度重视跨境电商的发展，使得跨境电商发展迅速，高歌猛进。2018—2021年跨境电商市场规模（增速）分别为9万亿元（11.66%）、10.5万亿元（16.66%）、12.5万亿元（19.04%）、14.2万亿元（13.6%）。2022年中国跨境电商市场规模达15.7万亿元，较2021年的14.2万亿元同比增长10.56%（数据来源：WWW.100EC.CN）。中国跨境电商市场规模排名居世界第一，第二名是美国，后面依次是英国、德国和日本等。2022年开始，中国跨境电商进入调整转型期，从数量增长向高质量发展转型。B2B（企业对企业）交易量明显增加，从"一带一路"倡议到APEC，中国对东南亚、拉美、非洲国家等新兴市场的贸易量明显增加。

2022年中国跨境电商交易额占我国货物贸易进出口总值42.07万亿元的37.32%。此外，2018—2021年跨境电商行业渗透率分别为29.5%、33.29%、38.86%、36.32%。

模式结构方面，2022年中国跨境电商的交易模式中跨境电商B2B交易占比达75.6%，跨境电商B2C（企业对个人）交易占比24.4%。近年来，跨境电商零售模式发展迅猛，政策助力等也带来了在跨境电商中模式占比的提升。

2023年，中国跨境电商市场规模达16.85万亿元，较2022年的15.7万亿元同比增长7.32%。

第二課　日本越境ECサイト概要

一、ウォーミングアップ

（1）日本の越境ECサイトを利用したことがありますか。
（2）日本の越境ECサイトは主にいくつかありますか。例を挙げなさい。
（3）中国の越境ECサイトと日本の越境ECサイトを比較しなさい。

二、本文

　　日本の越境ECプラットフォームは主に三つあります。アマゾンジャパン、ヤフーショッピングと楽天市場です。

この三大ECプラットフォームランキングと訪問量比較

（2022年8月日本デジタルワークス株式会社の統計により）

1. 世界ランキング

越境ECプラットフォーム	世界ランキング
Amazon.co.jp	39
Yahoo.co.jp	298
Rakuten.co.jp	45

2. 日本国内ランキング

越境ECプラットフォーム	日本国内ランキング
Amazon.co.jp	1
Yahoo.co.jp	3
Rakuten.co.jp	2

3. トラフィック

越境ECプラットフォーム	訪問量
Amazon.co.jp	1705B
Yahoo.co.jp	327.3M
Rakuten.co.jp	1.588B

2022年、日本国内でのECの売上高はアマゾンジャパンが3兆1958億円、楽天市場が1兆859億円、ヤフーショッピングが1兆7547億円（この数字は、ヤフーショッピング以外にもZOZOなどECでサービス展開しているサービスがこの金額の中に含まれています。）となりました。ただ、将来は、各ECサイトが導入する新たなサービス次第でシェアも変わってくるのではないかと思います。

🛒 **日本で越境EC市場拡大を牽引する担い手、総合越境ECサイトの流通総額上位3サイトを見ていこう。**

1. www.amazon.co.jp

日本月刊オンライン通販が実施した「ネット通販白書」によると、2022年度のネット通販を実施した日本上位300社の合計売上額は7兆7888億円で、前年調査の7兆144億円より11％増加したことが分かりました。一位はやっぱりアマゾンジャパンで、2年連続の首位です。2位を大きく引き離していました。2021年の21893億円に対して、2022年は25378億円で約16％の伸びを示しています。

アマゾンジャパンの母体はAmazon.comというアメリカの通販サイトです。Amazon.comは米国ワシントン州ベルビューの創業者ジェフ・ベゾスの自宅ガレージで、オンライン書店としてスタートしました。現在は13ケ国で展開し、物流拠点であるフルフィルメントセンターからリテールストア、広い敷地の本社まで、今やAmazonの存在は世界中で知られるようになりました。日本ではAmazon.co.jp（以下はAmazon）として、サービスを提供しています。扱っているジャンルも多岐に渡ります。

2022年には、Amazonは試着サービス「prime try before you buy」のラインアップ拡大やcosmeを運営するistyleとの連携など、積極的な取り組みのほか、ディフェンスを進めていました。国内18か所の配送拠点を新設することで、配送体制とスピードの安定化を図り、知的財産を保護する四つのサービスとツールを日本で提供し始めました。

Amazonはフルフィルメントセンター（入庫から配送まで行う）による独自の物流網を構築していることが優位となっているように見えます。とくに、商品が届くまでの期間が短いというメリットは他のサイトはランクインしていない強みであります。また、中古品を出品するマーケットプレイスまで含めると、品揃えは他サイトよりも豊富と思うユーザーも多いのではないだろうか。

Amazonの最大な特徴はAmazonが買い付けた商品と自分の出品商品が同一のページで販売されることです。販売方法による運営サイトの区分がないので、訪問ユーザーが分散されることもありません。出品した商品は多くの人に留まりやすく、それだけ販売機会が増えるのです。ページの閲覧数が売上を大きく左右することが多いネット通販にとって、これは非常に重要なポイントといえます。

2. https：//shopping.yahoo.co.jp

日本最大級のポータルサイト「ヤフーショッピング」とは、日本のインターネット利用者数は2023年で77.5％で、ネットショッピングの利用者数は50％を超えています。ヤフーショッピングのトップページには圧倒的なアクセス数があり、1日のページビューは10億以上と言われています。巣ごもり消費や在宅勤務の増加の影響ですが、今後ますますこういった需要は増えていくことでしょう。

ヤフーショッピング最大の特徴は「検索流入」です。ヤフーショッピングは、豊富な商品が集まった日本本場最大級のオンラインショッピングモールです。人気のファッションから家電、日用品、ギフトにぴったりのものまで、幅広い商品ラインアップしています。

2013年の「eコマース革命」により、出店料と月額利用料を無料化したことで、2019年には87万店舗を超えた。

そのほかに、ヤフーショッピングは2019年の5月にソフトバング連結、子会社となり、paypayでの決済が可能となりました、これまでの顧客層は30代‐40代が中心でしたが、paypay決済の導入と同時に、若年層の顧客の囲い込みを開始し、規模が拡大

しつつある将来性の高いECモールです、しかし、中国からの事業者がヤフーショッピングストアに出店できません。

3. www.rakuten.co.jp

1997年の創業以来、「楽天市場」では「エンパワーメント」をキーワードに掲げ、地方の皆様や、中小企業の出店店舗様にご活躍いただけるような施策を長年行い、お客様の買い物体験の向上につなげてきました。「楽天市場」は出店数約5万6000店（2022年9月時点）が集まる一大モールであります、2019年に、ナショナルブランド向けの施策を展開するアカウントイノベーションオフィスという新組織を立ち上げ、大手メーカーの戦略パートナーとして、消費財や家電といったカテゴリーのトップメーカーと協働し、様々な成功事例を作りあげている。例えば子育て世代向け、ペットの飼い主向けなど様々な視点を持つ強化施策の数々は、顧客の獲得に大きく寄与しています。

楽天市場は、ポイント関連の強みが1位と2位を占めています。当サイトのポイント還元率は基本的には1%ですが、楽天トラベル、楽天銀行、楽天カードなど、グループ会社内のサービスで使用できる共通ポイント制度により、還元率を高めやすくなります。また、楽天Edyでの支払いも還元でき、楽天経済圏によって優位となったといえるだろう。

楽天市場の出店手数料

楽天は、初期費用がかかってくるのが、他モールと異なる点です。そして、プランは「がんばれ！」「スタンダード」「メガショップ」の3つに分かれています。

プラン名	頑張れ	スタンダード	メガショップ
月額出店料	19500円	50000円	100000円
販売手数料	3.5%～7%	2.0%～4.5%	2.0%～4.5%
初期費用	60000円	60000円	60000円
登録可能商品数	5000商品	20000商品	無制限
画像容量	500MBまで	5GBまで	無制限

※別途、店舗、商品lp構築コストがかかる

「がんばれ！」プランは、固定費用は安いが、変動費用が高いです。そのため初めて出品する人に、おすすめのプランです。

「スタンダード」と「メガショップ」プランに関しては、登録商品数や画像容量から決めていただくと、いいと思います。

楽天市場特有の仕組み

（1）店舗主体のモール設計。

複数の広告メニュー。

ジャンル毎の年間MDカレンダー。

（2）お得なセールとイベント。

楽天ブランドデー、楽天スーパーセール、お買い物マラソン、楽天ポイントなどいろいろなイベントががあります。楽天ブランドデーは、お買い物マラソンやスーパーセールに比べても、その開催頻度は少ないです。

楽天ブランドデーとは年に数回しかない特別なイベントです。楽天市場の有名ブランドが集結して、限定商品の販売や様々な特典が準備されています。いつもはなかなか手を出せないブランド品をお得に手に入れることができる数少ないチャンスなのです。

年に数回、5月と10月に開催されてきましたが、最近1月、4月、7月、10月に開催されている傾向があります。

楽天ブランドデーには以下のような特徴があります。
（1）セール期間中のお得な割引です。

普段はなかなか割引されない有名ブランドの商品が割引されることがあるため、大変お得な買い物ができます。

（2）人気ブランドの新作アイテムが発売されることが多いです。

楽天ブランドデーでは、多数の有名ブランドが参加するため、新作アイテムの発売が行われることが多いです。この期間中に新作を購入することで、先取りすることも可能です。

（3）ブランド別の特別企画があります。

楽天ブランドデーでは、出店しているブランドによって特別企画が行われることがあります。例えば、おまとめセットや数量限定商品の販売、ポイント還元キャンペーンなどがあります。

（4）楽天市場の商品の中でも、特に人気が高い商品が対象となります。

楽天ブランドデーでは、楽天市場での人気が高い商品がセール対象となることが多いです。このため、人気のある商品をお得に購入できるチャンスとなります。

セールやイベントに合わせて商品を販売することが重要です。

新出単語：

ECプラットフォーム	「名詞」	跨境电商平台
ランキング	「名詞」	排名
トラフィック	「名詞」	流量
牽引	「名詞」	引领
オンライン	「名詞」	在线
ネット通販白書	「名詞」	电商销售白皮书
物流拠点	「名詞」	物流基地
フルフィルメントセンター	「名詞」	物流中心
リテールストア	「名詞」	零售中心
敷地	「名詞」	占地面积
ガレージ	「名詞」	车库
こだわる	「动詞」	拘泥于
オペレーション	「名詞」	防守、防御
購買体験	「名詞」	购物体验
ナショナルブランド	「名詞」	国际品牌
還元率	「名詞」	还元率
エンパワーメント	「名詞」	授权、许可
スタンダード	「名詞」	标准型店铺

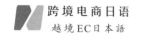

| メガショップ | 「名词」 | 大型店铺 |
| ブランドデー | 「名词」 | 品牌日 |

三、練習

（一）次の漢字の読み方を平仮名で書きなさい。

実施　上位　合計　連続　引き離す　拠点　敷地　雇用主　機能　対策

（二）次の漢字の読み方をA・B・C・Dの中から一つ選びなさい。

1. Amazonが先駆けて提供している商品やサービス、取り組みです。
   A. せんかけて　　　　　　　　B. せんがけて
   C. さきがけて　　　　　　　　D. さきかけて

2. 2022年、アマゾンジャパンはユーザーの購買体験を向上させるために、ほかのECサイトにはない独創的な措置を行いました。
   A. とくそうてき　　　　　　　B. どくそうてき
   C. とっそうてき　　　　　　　D. どっそうてき

3. 2022年には、アマゾンジャパンは積極的な取り組みのほか、ディフェンスを進めていました。
   A. せききょくてき　　　　　　B. せきぎょくてき
   C. せっぎょくてき　　　　　　D. せっきょくてき

4. Amazonはフルフィルメントセンターによる独自の物流網を構築していることが優位となっているように見えます。。
   A. ぶつりゅうもう　　　　　　B. ぶつりゅうあみ
   C. ぶっりゅうもう　　　　　　D. ぶっりゅうあみ

5. 中古品を出品するマーケットプレイスまで含めます。
   A. ちゅうこひん　　　　　　　B. ちゅうごひん
   C. なかふるひん　　　　　　　D. なかふるしな

（三）次の文について、正しいのは○、間違っているのは×をつけなさい。

1. ヤフーショッピングは日本最大級のポータルサイトです。
2. ヤフーショッピングの最大の特徴は品揃えが豊富です。
3. ヤフーショッピングは2019年の5月にソフトバング連結、子会社となり、paypayでの決済が可能となりました。
4. ヤフーショッピングは2013年の「eコマース革命」により、出店料と月額利用料を無料化しました。
5. ヤフーショッピングに出店するには、日本の住所と海外の倉庫が必要です。

（四）本文をもう一度読んで、次の_____に正しいものを書き入れなさい。

1. 2022年度のネット通販売上額は一位はやっぱり_____で、2年連続の首位です。2位を大きく引き離していました。

2. 1995年7月、Amazon.comは米国ワシントン州ベルビューのベゾスの自宅ガレージで、_____としてスタートしました。

3. Amazonは4つの理念を指針としています。_____、創造への情熱、_____、そして長期的な発想です。

4. 2022年には、アマゾンジャパンは_____「prime try before you buy」のラインアップ拡大やcosmeを運営するistyleとの連携など、積極的な取り組みのほか、_____を進めていました。

5. Amazonはフルフィルメントセンター（入庫から配送まで行う）による独自の_____を構築していることが優位となっているように見えます。

（五）次の文を中国語に訳しなさい。

2022年には、アマゾンジャパンは試着サービス「prime try before you buy」のラインアップ拡大やcosmeを運営するistyleとの連携など、積極的な取り組みのほか、ディフェンスを進めていました。国内18か所の配送拠点を新設することで、配送体制とスピードの安定化を図り、知的財産を保護する四つのサービスとツールを日本で提供し始めました。

四、知识加油站

我国跨境电商人才需求

从智联招聘发布的《2021外贸行业人才形势研究报告》获悉，2021年第一季度，跨境电商运营招聘需求规模同比猛增190.9%，其中深圳人才需求量占全国36.2%，位居全国首位。

在外贸核心岗位中，跨境电商运营处于人才需求快速增长、供给跟不上的阶段，竞争强度较低，但又是招聘薪资最高的岗位，平均月薪可达8755元/月。从企业规模看，500人以下的中小微企业成为跨境电商运营人才招聘主力军。

长期以来，跨境电商的兴起吸引大量中小微企业纷纷入驻，提供了一站式营销、交易、支付结算、通关、退税、物流和金融等服务，影响力向整个供应链上下游延伸，为制造业企业在外贸上带来很大便利，为全球买家提供多样化的"中国制造"和轻定制服务，也进一步扩大了跨境电商运营人才需求。

第二章
アカウント作成

知识目标

了解日本亚马逊两种不同卖家账号的区别、店铺注册的所需材料和流程。

能力目标

能够按照流程自行注册亚马逊日本站店铺。

素质目标

诚信经营，遵守法纪，具备团队合作意识和领导管理能力，拥有良好心态，能合理调节创业心理压力。

第一課　小口出品

一、ウォーミングアップ

（1）Amazonは2種類のアカウントが用意されています、それぞれのアカウントの特徴は何ですか。

（2）Amazonでオンラインショップを立ち上げようとしたら、どんな書類を準備しておくべきでしょうか。

二、本文

オンラインで出品する場合、販売場所として最も一般的なのは世界最大級のショッピングサイトである「Amazon」です。Amazonで誰でも気軽に商品販売ができます！しかし、Amazonで販売を行うためには、セラーとしてアカウントを登録する必要があります。

Amazonセラーアカウントを作成するための必要書類

1. 身分証明書

身分証明書は行政機関発行の顔写真付きの有効期限内の身分証明書または「パスポート」です。

書類	提出が必要なページ
パスポート	顔写真と書名の記載があるページ
身分証明書	両面

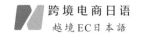

2. 取引証明書

取引証明書は過去180日以内に発行されたものでなければなりません。クレジットカードの利用明細書、預金通帳、インターネットバンキング取引明細のいずれか一つ選びます。

3. メールアドレス

アカウント登録時や出品後にAmazonからの連絡が届くので、メールアドレスが必要です。メールアドレスは「Yahooメール」などのフリーメールで大丈夫です。プライベート用を使うと大事なメールを見逃したり、管理が大変になったりするので、できればセラー専用のメールアドレスを用意したほうがいいです。

4. 電話番号

登録時にAmazonから確認コードが送られてきますので、応対が可能な電話番号でなければ困ります。

5. クレジットカード

毎月の月額利用料や手数料はクレジットカードで支払われます。

6. 銀行口座

銀行口座は、Amazonでの売上を受け取るために必要な書類です。アカウント登録後の専用ページで設定するため、登録時は要りませんが、登録後すぐに設定できるように、事前に準備しておいたほうがいいです。

7. 登記簿謄本

法人で出品者登録をする場合は、登記簿謄本の次の2つの情報入力が必要です。
・法人番号
・法人名（登記簿に登録されている法人名とフリガナ）
※個人で販売する場合は登記簿謄本が要りません。
※個人と法人について
セラーアカウントには、個人用と法人用の2種類があります。個人用は副業や少数の販売を行う方向けで、法人用は会社経営をしている方向けとなっています。

個人か法人かについては、アカウント作成時に「業種」タブで選択できます。

個人や個人事業主の方は「個人」を選択して、法人の方は「国有企業」「上場企業」「非上場企業」「チャリティ」の4つの中から選択することになります。

個人・法人で機能の違いはありません。個人の場合は身分証明書や取引明細の提出、法人の場合は追加で法人番号や登記簿謄本の提出が必要になります。

🛒 出品プランを決めます

必要書類が用意できたら、出品プランを決めます。Amazonでは「大口出品」と「小口出品」の2つの出品プランがあります。先に特徴をまとめるので、参考にしてください。

出品方法	特徴
大口出品	・「オリジナル商品」「まだ出品されていない商品」の出品ができる ・商品名と商品画像を一から作成できる ・月額登録料4900円＋販売手数料がかかる ・データ分析等のレポートが確認できる ・ショッピングカートは条件付きで獲得可能 ・たくさん商品を出品する方向け
小口出品	・Amazonで検索してヒットする商品のみ出品可能（相乗り出品のみ） ・出品数の1点ごとに100円＋販売手数料がかかる ・ショッピングカートは原則獲得不可 ・小規模で商品を出品する方向け

小口出品は1点の商品が売れるたびに100円の手数料がかかります。一度に1点しか出品できないという制限はあるものの、自宅にある中古品のほか、自分で仕入れた商品も出品可能です。しかしAmazonカタログに登録していない商品は出品できません、また、高額商品のカテゴリーや衣類も出品できません。そのほかに、小口出品では出品カテゴリーに制限がかかるうえに、自身のショップの商品が優先的に売れやすくなる「ショッピングカート取得」もできません。他に、無料配送のオプションも使えない、ユーザーに提供できる支払い方法も限られているなど、販売において不利なところが多いです。

しかし、月額の固定費が発生しないため、商品の出品後も腰を据えて、今後の方針を決められます、小口出品は主に初心者や不用品の処分を行う一般ユーザーを対象としたアカウントです。

📈 三、スキルアップ

小口出品アカウント作成

作成と言っても、表示された画面に従って必要情報を入力するだけなので、全く難しいところはありません。

（1）まずは、sellercentral.amazon.co.jpのリンクをクリックして、トップページが開いたら、「登録」を押します。

（2）セラーセントラルのトップページにアクセスします。トップページにアクセスすると、まずこの画面が出てきます。

（3）画面上の「さっそく始める」をクリックして、ログインページが表示されるので、「Amazonアカウントを作成」をクリックします。

※Eメールアドレスは163.グーグル.QQなど、どれでもいいです。
※パスワードは少なくとも6桁の数字が必要です。

第二章　アカウント作成

（4）名前・Eメールアドレス・パスワードを入力して、「次へ」をクリックします。

※名前は英語でも日本語でもいいです。

※もう一度パスワードを入力します。

※表示されている文字列を半角で入力します。（時間間に合わなければ、ほかの画像に切り替えられます）

（5）すると、Amazonから入力したEメールアドレス宛てに「確認コード」が届きます。次に表示される確認画面に、メールに記載されている確認コードを入力します。確認コードを入力したら、「アカウントの作成」をクリックします。

(6) 事業所の情報を入力します。

※居住国、事業所の国のところに個人の方は中国を入力してください。

※業種は法人でない限り、「個人・個人事業主」を選んでください。

※そして氏名（本名/ローマ字）を入力したら、「同意して続行する」をクリックしてください。

※正式名称、販売業者名のところに、法人登記名を記入してください、個人として登録する場合は、ご自身の氏名を入力してください、法人として登録する場合は、法人の登記名及びご自身の氏名を入力してください。

※出品規約に同意してください。

(7) 出品者情報を登録します。

※運営責任者名のところに運営責任者の名前を入力してください。

※新しい住所を追加してください。住所は書式が決まっています。すべて英語でなければなりません、修正可能です。

※電話番号認証に使用するPINの受け取り方は普通SMSですが、テキストメッセージを受信することはできない場合は、携帯電話番号でいいです。携帯電話番号は国番号の後に、最初のゼロを除いた市外局番と電話番号を続けて入力してください、例えば、8613612345678。

※「すぐにSMSを受信する」をクリックしてください。

※自社ショッピングサイト、ほかのECサイトなどのURLがありましたら、入力してください、なければ、入力しなくてもいいです。

※SMSで送付されたPINを入力してください。

(8) クレジットカード情報を登録します。クレジットカードの各種項目を埋めたあと、「次へ」をクリックします。

※利用可能なクレジットカードはJCB、Amex、Visa、Mastercardのみです。

※クレジットカードの番号と有効期限を入力してください。

※クレジットカード責任者の名前を入力してください。

(9) ストア情報を入力します。ストア名とはあなたが商品を販売するショップ名のことです。ストア名は後からでも変えられるので、決まっていなければ仮のストア名を入れます。

※「すべての商品にUPC/EAN/JANコードは付いていますか?」という質問には、基本的には「はい」を選択します。「Amazonで出品を希望する商品のメーカーまたはブランド所有者ですか?」といった質問は、分からなければ「一部」を選択しすれば大丈夫です。

※店舗名は自分で考えて、使用可能な場合は、記入後に「使用可能」の文字が出

てきます。「次へ」をクリックすると、商品性質、売上予定規模と商品カテゴリーについてのアンケート調査が出てきます。事実に基づいて、出品する商品カテゴリーを選びます。スキップできます。

（10）最後に、本人確認書類と取引明細書をアップロードします。アップロードして、「送信」ボタンをクリックすれば、Amazonの出品者登録手続きは完了です！

新出単語：

気軽に	「副詞」	轻松愉快地、舒畅地
アカウント	「名詞」	账户
登録する	「動詞」	注册、登记
出品	「名詞」	展出、展销
利用明細書	「名詞」	使用明细
プライベート	「名詞、形容動詞」	私人的、个人的
確認コード	「名詞」	验证码
登記簿謄本	「名詞」	营业执照副本
上場企業	「名詞」	上市公司
チャリティ	「名詞」	慈善事业
大口出品	「名詞」	大宗贸易、企业贸易
小口出品	「名詞」	小额贸易、个人贸易
オプション	「名詞」	选择权
セラーセントラル	「名詞」	卖家中心
アクセス	「名詞」	连接
パスワード	「名詞」	密码

四、練習

（一）次の漢字の読み方を平仮名で書きなさい。

半角　運営責任者　書式　修正　受信　送付　預金通帳　見逃す　応対　口座

（二）次の文について、正しいのは〇、間違っているのは×をつけなさい。

1. アマゾンに登録する前に、書類と情報を用意する必要があります。
2. アマゾンで出店するにはクレジットカードが必要です。
3. 電話番号はアマゾンの販売者が用意する必要はありません。
4. アマゾンには2種類のアカウントがあります。
5. アマゾンでの法人セラーアカウントは無料です。
6. 個人口座は月額料金を徴収しません。

7. 法人セラーアカウントは、すべてのカテゴリの製品を販売することができます。
8. 個人セラーアカウントは一ヶ月に最大で40点の商品を販売できます。
9. 携帯電話番号は国番号の後に、最初のゼロを除いた市外局番と電話番号を続けて入力します。
10. アマゾンセラーは自分で発送するか、アマゾンの配送サービスを利用するかを選択できます。

（三）本文をもう一度読んで、次の＿＿＿＿に正しいものを書き入れなさい。

1. アマゾンでビジネスを展開するために、＿＿＿＿や＿＿＿＿、電話番号などを準備する必要があります。
2. アマゾンには二つのアカウントがあります。＿＿＿＿と＿＿＿＿です。
3. 個人セラーアカウントには月額料金はかかりませんが、1ヶ月に最大＿＿＿＿点で、＿＿＿＿のカテゴリーの商品しか販売できません。
4. パスワードは少なくとも＿＿＿＿桁の数字が必要です。
5. 利用可能なクレジットカードは＿＿＿＿、Amex.＿＿＿＿、Mastercardのみです。

（四）次の文を中国語に訳しなさい。

※電話番号認証に使用するPINの受け取り方は普通SMSですが、テキストメッセージを受信することはできない場合は、携帯電話番号でいいです。携帯電話番号は国番号の後に、最初のゼロを除いた市外局番と電話番号を続けて入力してください、例えば、8613612345678。

（五）次の会社情報に基づき、アマゾンジャパンにアカウント登録しなさい。

公司/企业名称	武汉未来科技有限公司
业务类型	民营企业
公司邮箱	weilaikeji@163.com
公司电话	13667287668
公司地址	武汉市东湖旅游风景区黄家大湾特1号
邮编	430083
公司注册号	632766264898615
店铺名称	Zhen xuan
法定代表人姓名	李四
法人身份信息-身份证号	611116198512178642
身份证有效期限	2019.07.11—2029.07.10

续表

出生日期	1985.12.17
签发国	中国
永久住址	武汉市江汉区樱花路 166 号
邮编	430083
收款账号（信用卡）	4222 0230 4115 7720 082
信用卡账单地址	武汉市江汉区樱花路 166 号
邮编	430083
收款账号有效期至	2033 年 12 月
持卡人姓名	张三
存款银行卡号	4222 0271 6817 9206 736
存款方式-9 位数汇款路线	121656166
品牌	Zhen xuan
工厂员工数	200 人
工厂地址	武汉市东湖旅游风景区黄家大湾特 1 号

五、知识加油站

亚马逊注册

　　亚马逊注册分为两种，一种是自注册，另外一种是招商经理注册。这两者的区别就在于，自注册通过的可能性很低，基本上是占一半的成功概率，而且一旦注册失败，你的一整套注册所用的材料就不能再注册亚马逊店铺了，也就是相当于少了一个注册店铺的资本。所以作为新手一定要多多注意这些，以免注册失败。

　　对于亚马逊平台来讲，一个人只能开一个亚马逊店铺，不能一人多开，一旦检测到，那么后果会很严重。一般一旦检测到多店铺一人操作，轻则封一个权重低的店铺，重则店铺全部封。所以卖家在亚马逊平台注册的时候，一定要保证操作的设备是干净的，确定这台设备上面没有登录过亚马逊账号，这是新手一定要注意的。

第二課　大口出品

一、ウォーミングアップ
（1）小口出品と比べて、大口出品のメリットとデメリットを考えなさい。
（2）2種類のアカウントを自由に切り替えることができますか。

二、本文

　　大口出品であればAmazon出品者が使える機能をフル活用できるので、本気でAmazon販売に取り組みたい方は大口出品を強く勧めます。小口出品は1点の商品が売れるたびに100円の手数料がかかります。大口出品は販売個数が0だろうと500だろうと月額4900円（税別）と月額登録料に変動はありません。つまり、毎月50点以上販売するなら大口出品のほうがお得だということです。

　　大口出品では、一律100円の基本成約料が免除され、どのカテゴリーの商品でも、出品できます（一部のカテゴリーはAmazonの許可が必要です）。これにより、運用の幅が広がり、様々なものを販売できるようになります。

　　しかし、大口出品者は月額4900円の固定費がかかります。それで、セラーセントラルから売上を確認し、商品の回転率や出品期間を常に考えなければなりません。また、扱う商品の種類や個数が増えるため、場合によっては、FBAを使って発送作業の効率化を図ることも必要です。

　　小口出品と大口出品のアカウントには、それぞれのメリット、デメリットがあります。2種類のアカウントを自由に切り替えることができます。

三、スキルアップ

大口出品アカウントに切り替える

小口出品アカウントから大口出品アカウントへの切り替えはセラーセントラルからいつでもできます。

（1）URL：http：//www.amazon.jp、「設定」-「出品用アカウント情報」をクリックします。

（2）「出品形態」の「大口出品に変更」をクリックします。

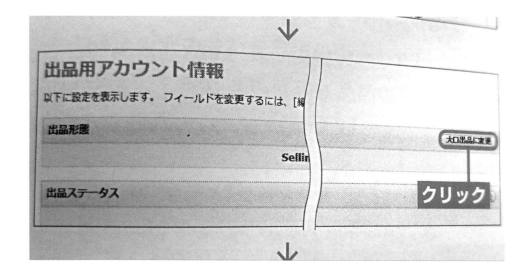

（3）内容を確認して、「クリックすると、大口に変更されます」をクリックします。

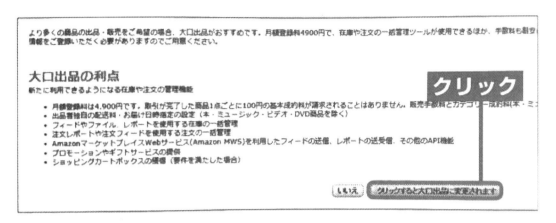

（4）手順2の「出品形態」に「現在、出品形態を更新しています」というメッセージが表示されます、しばらくすると大口出品に切り替わります。

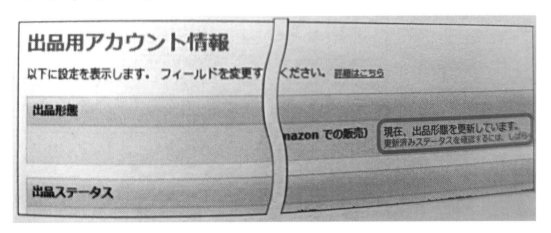

新出単語：

フル活用	「名词」	充分利用
本気	「名词、形容动词」	认真
取り組む	「动词」	着手、对付、解决、埋头苦干
免除	「名词」	免除
カテゴリー	「名词」	类目
回転率	「名词」	周转率
効率化	「名词」	高效率
図る	「动词」	谋求、设法、企图
デメリット	「名词」	弱势、缺点、不利因素
切り替える	「动词」	转换

四、練習

（一）次の漢字の読み方を平仮名で書きなさい。
　幅　売上　確認　扱う　形態

（二）次の文を中国語に訳しなさい。
　しかし、大口出品者は月額4900円の固定費がかかります。それで、セラーセントラルから売上を確認し、商品の回転率や出品期間を常に考えなければなりません。また、扱う商品の種類や個数が増えるため、場合によっては、FBAを使って発送作業の効率化を図ることも必要です。

（三）次の口座情報に基づき、アマゾンジャパンに口座情報を登録しなさい。

收款账号（信用卡）	4222 0230 4115 7720 082
信用卡账单地址	武汉市江汉区樱花大道166号
邮编	430083
收款账号有效期至	2033年12月
持卡人姓名	张三
存款银行卡号	4222 0271 6817 9206 736
存款方式-9位数汇款路线	121656166

五、知识加油站

账户注册与安全

　　同一个卖家只能在亚马逊上注册一个卖家账户，不能经营或维护多个卖家账户。所有卖家的后台操作亚马逊都可以检测到，如果亚马逊的程序算法认为某几个账户都是同一个人在操作，那么这几个账号就会被亚马逊认定为相互关联。关联本身是没有太大问题的，但是多个亚马逊账户如果发生关联，其中一个出了问题就会影响到其他与之相关联的账号，避开关联可以降低风险。如果亚马逊发现你的产品有交叉销售的情况，亚马逊会要求你强制删除其中的一个账户和所有的Listing；如果你不删除，亚马逊有可能把你所有账户全部关闭。

第三章
仕入れ

知识目标

选品是跨境电商运营的第一步,直接决定了产品在市场中的竞争力。本章节知识目标是了解日本亚马逊平台上架产品、禁止/限制销售的一般规则和对侵权商品的界定,以及客户群体消费喜好和需求,掌握选品思路和几种常用跨境电商选品工具的使用方式,了解进货途径和方法。

能力目标

通过分析日本亚马逊市场需求、选品方法和技巧的讲解,培养学生分析问题的能力、大数据分析能力,使学生能够利用几种常见的选品工具选品,活用进货网站进货。

素质目标

"货真价实,童叟无欺",这是祖先流传下来的朴素的商业价值观,诚信是商业经营的道德底线,同时也是建立彼此信任关系的基础,唯有诚信才能获得客户的忠诚。诚,即实事求是,坦坦荡荡,不弄虚作假,不口是心非,不坑人骗人,不搞阴谋诡计;信,即言而有信,恪守承诺。

第一課　売れる商品をリサーチする

一、ウォーミングアップ

（1）Amazonでより利益をあげるために、どのような商品を販売したほうがいいと思いますか。

（2）Amazonでは、どんな商品でも販売できますか。

二、本文

まずはAmazonが求めている出品者の行動規範について理解する必要があります。Amazonが定めている出品のポリシーや規約、他にもガイドライン、このようなものは全て出品者行動規範の原則に則った上で作られています。以下に記載したAmazonの出品行動規範を遵守していただきますように。

🛒 Amazonの出品行動規範

※すべての準拠法およびAmazonのすべての利用規約を遵守すること。

※アカウント情報を常に最新の状態に保つこと。

※自分自身について虚偽の情報は決して登録しないこと。

※Amazonを利用する購入者に安心して買い物をしてもらえるよう常に努力すること。

※Amazonを利用する購入者に危害を及ぼすおそれのある商品は決して出品しないこと。

※誤解を招く行為、不適切な行為、または不快感を与える行為を決してしないこと。
※常に公正に行動すること。
※価格協定に関する法律に違反する行為を行わないこと。

🛒 リスク抑制防止

1. 禁止商品を販売してはなりません

例えば、バタフライナイフのような刃物、医師の処方が必要なもの、第3類とか第2類医薬品、このようなものは出品してはいけませんというものになります。これはAmazon規約だけではなく、法律にも違反しているものの出品です。薬機法・銃刀法の違反になっているものは出品してはいけません。

2. 並行輸入品を正規輸入品として販売してはなりません

並行輸入とは海外の正規店からメーカーではない第三者が仕入れた商品のことです。並行輸入は、国内での保証がつきません。並行輸入品を正規輸入品として販売すると、Amazonとしてもその商品がちゃんとした正規品だと担保できないので、並行輸入品と正規輸入品は分けて販売しましょう。

3. 知的財産権の侵害・商標権の侵害をしてはなりません

知的財産権・商標権の侵害というのは、どの商品が該当するのかは、把握するのが難しいです。一般的でいわれるものであれば、サプリや健康食品の初回無料の商品はほぼアウトと思ってください。よく0円仕入れやアフィリエイトで、ありがちな商品ですが、絶対にAmazonで販売してはいけません。メルカリでも、メーカーから警告が来たりするので、利益のためにリスクを負うような物を販売してはいけません。このリスクを防止するために、商標権を事前にチェックしてください。

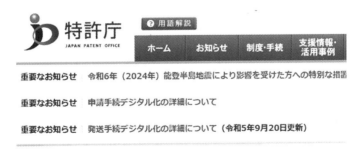

4. 出品許可が必要なカテゴリー

Amazonでは、購入者が質の高い利用体験を得られるように、一部の商品カテゴリーで新規出品者の追加登録を制限し、パフォーマンスを注意深く監視しています。これらの措置は、該当するカテゴリーで販売される商品の種類のために講じられ、多く

の場合、消費者の安全性、商品の質、ブランディング、輸出入の制限に関する懸念を反映しています。以下のカテゴリーの商品を出品するときは、事前に出品許可申請が必要です。酒類の取り扱い、動物および動物を材料とする商品、自動車用品、医薬部外品および化粧品、通貨、硬貨、および現金同等品、栄養補助食品、医薬品、武器および武器を模した商品、食品・飲料、アダルト商品、不快感を与える商品、Amazonデバイスおよび修理・メンテナンス用アクセサリ商品、電化製品・電子機器、レーザーポインターおよびその関連商品、盗品及びロックピッキング装置、医療機器および関連商品、植物、植物製品、種子、リコール対象商品、タバコおよびタバコ関連商品、化学物質、農薬および肥料、リサイクル家電、カンナビジオール（CBD）商品。

🛒 売れる商品をリサーチする方法

売れる商品をリサーチする前に、日本人の商品への好みと日本市場の特徴を理解しておくべきだと思います。日本のお客様の普遍的な特徴は品質、包装とサービスも重視すれば、シンプルで快適なデザインも重視します。同時に、日本は世界で最も高齢化が進んでいる国でもあり、65歳以上の人口が総人口の28％を占めていますから、高齢者用品及び高齢者の娯楽製品の市場潜在力は非常に大きいです。また、日本の出生率は世界最下位であり、2023年の合計出生率は1.20で、過去最低を更新しました。出生人口は80万人を下回り、多くの若者は育児ストレスがないため、ペット用品やゲームなどの娯楽用品が人気を集めています。

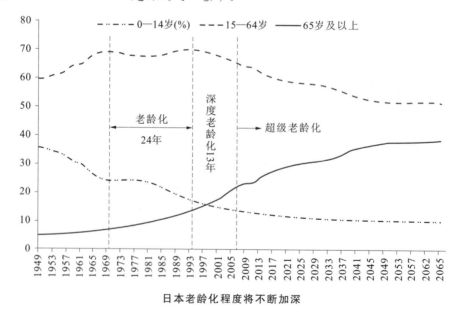

日本老齢化程度将不断加深

（資料来源：国立社会保障人口問題研究所）

1. ターゲット顧客の画像と属性を明確にします

ターゲット分析は非常に細かく行わなければなりません。例えば年齢は何歳から

何歳までですか。彼らの収入はどうですか。地域分布はどうなっていますか。買い物時間は基本的にどの時間帯ですか。どんなセールスポイントに興味がありますか。彼らが注文しやすい価格帯はいくらですか。どのようにすれば、再購入してもらえますか。販売側には、まずターゲット顧客を決めることが大切です。

2. Amazonランキングを利用します

Amazonでは、売れ行きのいい商品をできるだけ販売するのが理想的です。売れ行きのいい商品を見つける方法がいくつかあります、例えば、Amazonランキングを利用すればいいです。Amazonランキングでは、各カテゴリの売上の100位までの商品が表示されています。Amazonランキングの公式サイト（http：//www.amazon.co.jp/gp/bestsellers/ref）にアクセスして、「ヒット商品」をクリックして購入率が急上昇した商品を確認できます。

販売ランキングの上位にある商品を販売します。上位にあるから、人気があるはずです。普通売れるでしょう。ランキングの上位か下位かは、人気商品であるかどうか、売れる商品かどうかの判断基準の一つです。人気商品はすぐに売れるのですが、知名度の低い、または人気のない商品を売るのには時間がかかるものです。ランキング上位にあって評価されている商品、かつ短い時間で売れていく商品を選びましょう。

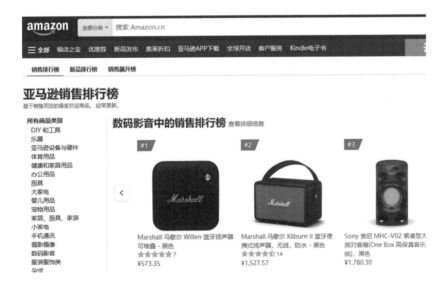

※Amazonランキングのほかに、Amazon search、Amazon Movers・Shakers、Amazon New Releases、Google Trend、Amztrackerなども利用できます。

3. 商品が売れやすい時期を見逃しません

特定の季節や時期になると、売上が伸びていく商品もあります。例えば、6月の下旬と12月の中旬、一般的な社会人はボーナスをもらいますので、ユーザーの需要が高まります。比較的に高い物でも売れるようになります。

伝統的な年中行事とは、毎年決まった時期に行われる儀式・行事の事を指します。年中行事という言葉は平安時代に現れ、もとは天皇を中心に、宮中（きゅうちゅう）で行われるものを言いましたが、後に民間の行事・祭事【さいじ】も年中行事と言うようになりました。

　日本の新年は毎年一月一日からです。元旦（1月1日）から1月3日までの三日間をお正月と言って、完全に仕事を休みます。お正月の飾り物のニーズが高いです。

　二月は節分とバレンタインデーで、チョコレート商品は人気が高いです。三月はひな祭り、ホワイトデーで、ひな人形、カメラ用品の需要が大きいです。四月は花見、入学式、就職活動の期間、5月は端午の節句、母の日、6月は父の日、7月は七夕、夏祭り、8月はお盆、9月結婚シーズン、10月ハロウィン、文化祭、11月は七五三お祝い、12月はクリスマス、忘年会です。祭りによって、売れやすい商品も変わります。年中行事期間の人気商品を出品することもよいでしょう。

日本の主な伝統的な年中行事

1月	2月	3月	4月	5月	6月	7月	8月	9月	10月	11月	12月
新年	節分、バレンタインデー	ひな祭り、ホワイトデー	花見、入学式、就職活動	端午の節句、母の日	父の日	七夕、夏祭り	お盆	結婚シーズン	ハロウィン、文化祭	七五三お祝い	クリスマス、忘年会

三、スキルアップ

Amazonランキングを調べる

　Amazonランキングを利用して、Amazonの出品ビジネスのカギを握る「ランキング」を把握しましょう。

Amazonのサイトやアプリでは主にトップ100までのランキングしか表示されません。Amazonランキングを調べる方法はとても簡単です。

（1）Amazonのウェブサイトにアクセスして、ページ上部のバーガーメニュー（すべて）をクリックして、ランキングを選択します。

（2）販売したいカテゴリーのランキングを選択します。

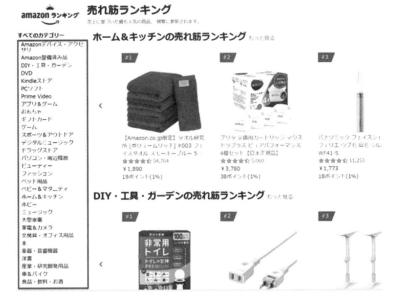

上の画面のように、Amazonランキングでは価格、出品者数、ランキングの推移を確認することもできます。

これらを参考にして、どのような商品が売れ筋になっているか、ライバルはどれだけいるか等を考慮して、Amazonで売る商品の選定を行いましょう。

新出単語：

好み	「名詞」	爱好、喜好
世帯	「名詞」	家庭
財的な商品	「名詞」	货物商品
回復	「名詞」	恢复
シンプル	「名詞」	简单、简洁
快適	「名詞」	舒适
高齢化	「名詞」	老龄化
進む	「動詞」	前进、进步、进展顺利
育児ストレス	「名詞」	育儿压力
人気を集める	「動詞」	深受喜爱
ターゲット	「名詞」	目标、销售对象

セールスポイント	「名詞」	卖点
ビッグデータ	「名詞」	大数据
プラグイン	「名詞」	插件
まね売り	「名詞」	跟卖
年中行事	「名詞」	节日

四、練習

(一) 次の漢字の読み方を平仮名で書きなさい。

好み　支出　回復　品質　包装　重視　娯楽製品　潜在力　下回る　育児

(二) 次の漢字の読み方をA・B・C・Dの中から一つ選びなさい。

1. ターゲット顧客の画像と属性を明確にします。
A. そくしょう　　　　　　B. そくせい
C. ぞくしょう　　　　　　D. ぞくせい

2. 商品の出荷時期、広告商品に基づいて選別し、最終的に素早く商品を絞り込みます。。
A. しゅっか　　　　　　　B. しゅつか
C. じゅっか　　　　　　　D. じゅつか

3. 伝統的な年中行事とは、毎年決まった時期に行われる儀式・行事の事を指します。
A. ねんちゅうぎょうじ　　B. ねんじゅうぎょうじ
C. ねんじゅうこうじ　　　D. ねんちゅうこうじ

4. お正月の飾り物のニーズが高いです。
A. かざりもの　　　　　　B. かさりもの
C. かざりぶつ　　　　　　D. かさりぶつ

5. 日本の出生率は世界最下位であります。
A. しゅっせいりつ　　　　B. しゅっしょうりつ
C. しゅつせいりつ　　　　D. しゅつしょうりつ

(三) 次の文について、正しいのは○、間違っているのは×をつけなさい。

1. Amazonではどんなものも自由に出品できます。
2. 日本のお客様の普遍的な特徴は品質、包装とサービスを重視することです。
3. 日本は世界で最も高齢化が進んでいる国でもあります。
4. 日本は赤ちゃん用品及び娯楽製品の市場潜在力は非常に大きいです。
5. 販売側には、まずターゲット顧客を決めることが大切です。

（四）次の文を中国語に訳しなさい。

　日本のお客様の普遍的な特徴は品質、包装とサービスも重視すれば、シンプルで快適なデザインも重視します。同時に、日本は世界で最も高齢化が進んでいる国でもあり、65歳以上の人口が総人口の28％を占めていますから、高齢者用品及び高齢者の娯楽製品の市場潜在力は非常に大きいです。また、日本の出生率は世界最下位であり、2023年の合計出生率は1.20で、過去最低を更新しました。出生人口は80万人を下回り、多くの若者は育児ストレスがないため、ペット用品やゲームなどの娯楽用品が人気を集めています。

五、知识加油站

亚马逊日本站禁止、限制进口商品

　　在亚马逊日本站开始销售活动之前，有必要登陆日本官网（税関 Japan Customs）查询亚马逊日本站禁止、限制进口商品类目，以免造成不必要的麻烦。

第二課　売れる商品を仕入れする

一、ウォーミングアップ

（1）売れ筋の商品を見つけたら、それから何をしますか。
（2）普通、どこで仕入れしますか。
（3）利益を出しやすい商品を仕入れるために、どうすればいいですか。

二、本文

　　売れ筋の商品をみつけたら、それから、仕入れします。実店舗から、仕入れしてもいいですけど、ネットで仕入れしてもいいです。ネットの仕入れ先を把握して、複数のサイトを比較して、人気の商品を効率よく、できるだけ安く購入しましょう。

🛒 ネットの仕入れ先

1. ショッピングサイト

　　ショッピングサイトの代表例としては、阿里巴巴1688.com、货捕头、中国制造网などがあげられます。

　　ショッピングサイトでは、基本的に新品が販売されているので、一番早く仕入れしたいときに役に立ちます。

2. オンラインショップ

　個人や企業が独自に構築、運営しているオンラインショップは、特定の商品を効率よく仕入れたいときに重宝する仕入れ先です。そのほかに、ほかの出品者が注目しない商品を仕入れたい場合にも役に立ちます。

三、スキルアップ

複数のネット仕入れサイトを比較する

商品の仕入れは最も重要で難しいことの一つです。商品を仕入れる時、必ず複数のネット仕入れサイトを比較して、可能な限り、安くて質のいい商品を購入するのがポイントです。

この時、「自動価格比較/ショッピング検索」や［manmanbuy.com］などを利用すれば、画面下部に同じ商品の最安値の販売先が自動表示されるので、リサーチの時間をかなり短くすることができます。

1. 自動価格比較/ショッピング検索

目標のECサイトの商品ページにアクセスするだけで、自動で価格比較の結果をブラウザの一部に表示してくれます。もちろん、無料です。

2. manmanbuy.com

新出単語：

仕入れ	「名詞」	采购
売れ筋	「名詞」	销路
重宝する	「動詞」	珍宝、重视
最安値	「名詞」	最低价
ブラウザ	「名詞」	浏览器

四、練習

（一）次の漢字の読み方を平仮名で書きなさい。
売れ筋　重宝する　最安値　構築　運営

（二）次の文を中国語に訳しなさい。
　売れ筋の商品をみつけたら、それから、仕入れします。実店舗から、仕入れしてもいいですけど、ネットで仕入れしてもいいです。ネットの仕入れ先を把握して、複数のサイトを比較して、人気の商品を効率よく、できるだけ安く購入しましょう。

（三）Amazonで以下のパンダの縫いぐるみを出品しようとしますが、阿里巴巴1688.com、货捕头、中国制造网の仕入れ価格を比較しなさい。

五、知识加油站

亚马逊反假货政策

  2022年，亚马逊发布了《2022品牌保护报告》，这是亚马逊第三年发布该品牌保护报告。报告强调了去年一年来，亚马逊在主动保护措施、品牌保护工具、追究责任以及消费者教育和权益保护四个关键领域的主要进展。报告显示，在2022年，亚马逊全球打假团队在美国、英国、欧盟和中国起诉或举报了超过1300个制假、售假者，发现、查获并妥善处理了超过600万件假货，阻止了逾80万次不良行为者创建新账户的尝试。这一数字在2020年、2021年同比分别为600万次、250万次。任何在亚马逊网站上出售的商品都必须是正品。禁止销售未经授权的复制品、盗版、假冒商品。如有违反，将暂停或终止卖家账号，销毁卖家FBA库存产品，冻结卖家资金。

第四章
出品

📋 知识目标

了解日本亚马逊商品详情页编写规范和流程；了解商品名、关键词、五点描述、商品描述、主图和辅图要求等；了解日本亚马逊商品A+页面的种类和优势、商品A+页面的制作方法。

📋 能力目标

能够利用本课知识，按照流程自行编辑商品详情页面；能组织语言文字，撰写品牌故事，编辑图片图像，设计打造一个成功的商品A+页面。

📋 素质目标

能通过搜索资料，追踪前沿技术，进行网页文本编辑，具备较强的日语写作能力。制作的网页不损害公众利益，不侵犯知识产权。能讲述品牌故事，传播品牌声音，提升品牌形象，推动中国产品向中国品牌转变，为品牌强国建设贡献一份力量。

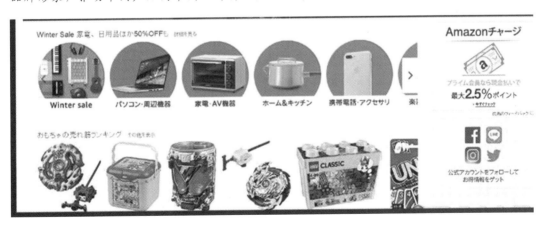

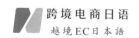

第一課　商品ページの作り方

一、ウォーミングアップ

（1）Amazonで売り上げを伸ばし、成功を収めるには、仕入れした商品の出品情報を作成する必要がありますが、どのような出品情報がいいですか。

（2）商品ページのすべての要素は、顧客に最高のショッピング体験を提供するという目標を持って慎重に検討する必要があります。具体的にいえば、どんな要素がありますか。

二、本文

「新規出品」

Amazonで商品ページを新規作成できるのは「新規出品」の場合のみです。

「新規出品」とは、まだAmazonに登録されていない商品のページを新しく作成して出品することです。Amazonの出品アカウントには、以下2つのプランが用意されています。新規出品を行うには「大口出品プラン」でなければなりません。

小口出品プラン	100円/商品＋販売手数料
大口出品プラン	4900円（税別）/月＋販売手数料

新規出品の場合、ページ作成時に商品情報や画像を設定する必要があります。出品したい商品がAmazon内に存在している場合は、新規出品（新しく商品ページを作成すること）はできません。その場合は、「相乗り出品」となります。「相乗り出品」とは、すでにAmazonに登録されている商品ページに、自分のアカウントから商品を出

品することです。登録されている商品ページを使用して出品するため、商品情報や画像は、別の出品者が登録したものが表示されます。

🛒 商品ページの重要性

　Amazonの商品ページは、商品と顧客との接点です。商品ページの重要性は非常に高く、売上に大きな影響を与えます。

　良い商品ページなら、顧客のニーズを捉えて商品の魅力や特徴を最大限に伝えることで、顧客の購買意欲を高めることができますし、使用時のメリットや使用感、サイズや容量などの情報が正確に記載されていれば、競合他社との比較材料にもなり得ます。逆に、情報が不足している商品ページや分かりづらい商品ページは、顧客の購入意欲を減退させ、商品の売れ行きに悪影響を与える可能性があります。つまり、商品ページのクオリティがAmazonでの売上に直結してくるのです。

📈 三、スキルアップ

Amazonの商品ページを作りましょう

　(1) まずは、登録したい商品がすでにAmazonに出品されているかどうかを確認しましょう。Amazonの「seller central（セラーセントラル）」にログインし、「カタログ」から「商品登録」を選択してください。すると「Amazonのカタログから商品を検索する」という検索窓が表示されますので、そちらに販売したい商品の型番やJANコードを入力し、検索します。

商品登録について

　(2) 同一商品が出品されていないことを確認したら、左下にある「商品を登録する」をクリックしてください。

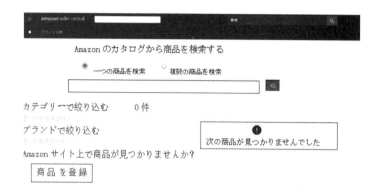

（3）商品名や商品カテゴリーを選択します。

※ここから先、「＊」が付いている項目は必須となりますので、全て入力したほうがいいです。右上にある「詳細表示」からは、必須項目以外の情報も入力可能です。

商品名の入力時は、「メーカー、ブランド名、仕様、型番」などを含めた商品の正式名称を入力する必要があります。

🛒 その他にも、Amazonでは以下のようなルールが定められています。

※本来の商品名と関係のない文章や記号を含めない。
※各項目は半角スペースで区切る。
※商品名はスペースも含め、全角 50 文字以内。
※服、ファッション小物、シューズ、バッグ、時計、ジュエリーの場合はスペースを含め、65 文字以内。
※スペースは半角、半角カタカナは使用不可、英数字とハイフンは半角で入力。
※Type 1 High ASCII 文字やその他の特殊文字、機種依存文字は使用不可。
※セール、OFF 率、激安、送料無料、限定予約、入荷日、シーズンなどをタイトルに入れない。

商品タイプーの選択は、「大カテゴリー」→「中カテゴリー」→「小カテゴリー」の順で選択していく形となります。

例えば、ルースパウダーを出品する場合は、「ビューティー」→「メイクアップ」→「ルースパウダー」といった順番です。カテゴリーが何に分類されるか分からない場合は、検索窓から検索できます。

（4）製品コードを入力します。以下の項目を入力していきます。

🛒 バリエーション

バリエーションを登録すると、ひとつの商品ページの中で、カラーバリエーションや異なるサイズを掲載できます。「はい」を選択すると、どのようなバリエーションがあるのか（素材、サイズ、カラー、パッケージ商品数など）が表示されるので、選択し、バリエーションを登録します。

ブランド名

自社商品のブランド名を入力してください。ブランド名がない場合、この商品には「ブランド名がありません」の項目にチェックを入れると、「ノーブランド品」として登録できます。ただし一度登録したブランドの変更はできないため、注意が必要です。

ブランド登録を検討している場合は、ブランド登録で使用する予定のブランド名を入力するようにしましょう。ブランド名は取得している商標と一致させる必要があります。

JANコード

出品する商品コードを入力してください。商品を管理するために、付与する文字列のことで、日本でもJANコードが一般的です。JANコードとは、「どの事業者のどの商品か」を表す商品番号のことです。セット商品のようにJANコードがない商品の場合、JANコード免除申請をすることで、JANコード無しで登録できます。

（5）商品の詳細を入力します。

入力項目はカテゴリーによって変わりますが、普通以下の項目を入力することが多いです。

メーカー名：商品のメーカー名を入力します。

　　メーカー型番（任意）：商品のメーカー型番を入力します。

　　賞味期限管理商品：賞味期限や使用期限がある商品の場合はYes、ない商品はNoを選択してください。

　　商品の入数：単品や異なる商品を合わせたセット品あれば1を、同一商品の複数セットであれば、複数分の数量を入力します。例：化粧品Aと化粧品Bの1セット商品であれば「1」、化粧品Bの3本セット商品であれば「3」と入力します。

　　ユニット数：商品の容量を整数で入力します。例えば、30個入りの卵の場合は「30」と入力します。

　　ユニット数のタイプ：選択肢の中から容量の適切な単位を選択します。

　　熱に弱い：Yes/Noどちらかを選択してください。

　　商品の形式：スティック、粉など、商品の形式を入力してください。

　　※わからなければ、項目名の右にある「?」マークを選択すると、説明が表示されます。

　（6）商品情報を入力します。

```
出品者 SKU            [                    ]
                      一度送信すると、この項目は変更できません。
商品の販売価格        [JPY¥] [              ]
在庫数                [                    ]
商品のコンディション  [                    ]
                      一度送信すると、この項目は変更できません。
フルフィルメントチャンネル

    ● 私はこの商品を自分で発送します。（出品者から出荷）

    ○ Amazonが発送し、カスタマーサービスを提供します。（Amazonから出荷）
```

　　出品者SKU：出品者側が設定できる商品の固有コードです。社内にすでに商品固有の管理番号があれば、そちらを用いることで、管理の負担を減らすことができます。

　　商品の販売価格：税込価格を入力してください。

　　在庫数：在庫の数を入力してください。

　　商品のコンディション：商品の状態を入力します。プルダウンで選択できますので、新品なら「新品」を選択してください。一度送信すると、変更できません。

　　フルフィルメントチャネル：出品者側で発送する場合は「私はこの商品を自分で発送します」を選択します。在庫の管理から発送までをAmazonに依頼する「FBA」を利用する場合は、「Amazonが発送し、カスタマーサービスを提供します」の項目を選択します。

(7) 商品画像を登録します。

　商品画像として登録できるのは、1枚の「メイン画像」と最大8枚までの「サブ画像」です。メイン画像の登録は必須です。

　ただし、画像登録をする際は、Amazon画像ガイドラインに従わなければなりません。違反していると画像を削除される、または検索対象外になる可能性があります。

🛒 すべての画像は、以下の条件を満たしている必要があります

※最長辺が500〜10,000ピクセル。
※JPEG（.jpgまたは.jpeg）、TIFF（.tif）、PNG（.png）、またはアニメーション以外のGIF（.gif）のファイル形式。
※鮮明で、画素化されておらず、端がギザギザに加工されていないもの。

🛒 商品のメイン画像

　商品詳細ページの最初の画像を「商品のメイン画像」と呼びます。この画像は、検索結果でも購入者に表示されます。

　商品のメイン画像は、以下の条件を満たしている必要があります。

※実際の商品で、プロフェッショナルな品質の画像であり、代用品ではないことを正確に表しています。
※純粋な白の背景（RGBカラー値：255、255、255）を使用している。これにより、検索ページおよび商品詳細ページにおいて、購入者に一貫性のある配送サービスを提供できます。
※画像の85％が商品で表示されています。
※商品または背景に、文字、ロゴ、縁取り、カラーブロック、透かし、その他のグラフィックが配置されていないこと。複数のパーツからなる商品は、そのうちの1つを拡大せずに相対的なサイズにする必要があります。
※画像の枠内に商品全体を表示し、どの部分も切り取られていないことです。
※購入品に含まれていない付属品や、購入者が混乱する可能性のある小道具を表示しないことです。
※画像には商品一か所のみを表示します（例：正面のみ、同じ画像で正面と背面の両方ではない）。
※商品1点と、購入品に含まれるすべての付属品を表示します。マルチパックや詰め合わせ商品について詳しくは、「商品カテゴリー」セクションを参考してください。
※商品に重要な特徴がある場合を除き、梱包を表示しないことです（たとえば、キャリーケースやギフトバスケットが含まれます）。
※マネキンの外見に関係なく、マネキンの一部を表示しないことです。これには、透明、無色、肌色、骨格、またはハンガーにかけられている状態が含まれます。

※1つのシューズを左向きに45度の角度で表示します（すべての靴に適用）。

※服、ファッション小物またはマルチパック商品は、モデルを使用していないフラットな状態で表示します。

※大人用サイズの服の場合は、モデルが着用していることです。モデルは立ち姿でなければなりません。座っている、膝をついている、横たわっている状態は認められません。ただし、さまざまな身体可動性を表現する際、および車いすや人口装具など、補助技術を使用しているモデルについては認められます。

🛒 すべての商品画像

メイン画像またはその他すべての商品画像は、以下の条件を満たしている必要があります。

※出品する商品を正確に表示します。

※商品名を一致させます。

※ヌードや性的なものを示唆させるような画像ではないことです。これには、モデルおよび絵の両方が含まれます。

※子ども服は、モデルを使用していないフラットな状態で表示します。

※カスタマーレビュー、星5つの画像、配送料無料などの文言、または出品者固有の情報は表示しないことです。

※Amazonで使用されるロゴ、およびロゴと類似した、紛らわしいいかなるバリエーションや修正も含めないことです。これには、「Amazon's Choice」、「Premium Choice」、「Amazon Alexa」、「Works with Amazon Alexa」、「ベストセラー」、および「トップセラー」などが含まれますが、これらに限定されません。商標の使用について詳しくは、出品者の知的財産権ポリシー 商標に関するよくある質問をご覧ください。

（8）商品の詳細を入力します。

ターゲットユーザーのキーワード：メンズやレディースなど、ターゲットユーザーに関するキーワードを入力してください。「さらに登録」をクリックすることで、最大5つまで箇条書きで入力可能です。

ターゲットユーザーのキーワード	
検索キーワード	
商品説明文	

検索キーワード：検索キーワード設定では、商品を表示させたいキーワードの設定が行なえます。キーワードの間に「（半角カンマ）」を入れることで、複数登録可能です。

🛒 キーワードを設定する時は、以下のポイントを重視してください

※商品に適合するキーワードを選定すること
※Amazonのポリシーに沿って、キーワード数を制限すること
※商品の説明と関連するキーワードを使用すること
※長いフレーズや文章は使用しないこと
※キーワードを区切る際には、スペースやカンマを使用すること

よく検索されるキーワードを使用することで、検索結果で上位表示した際に多くの流入が期待できます。日本語入力のキーワード設定の場合、500バイト（約166文字）までが上限です。全角文字は3～4バイト、半角文字は1バイトとしてカウントされます。

商品説明文：商品紹介コンテンツが設定されていない場合に表示されます。商品の魅力などを分かりやすく明確に入力しましょう。HTMLは原則使用できませんが、改行を示す＜br＞タグのみ反映されます。

（9）最後、保存して終了。

商品の詳細を細かく入力すればするほど、より顧客に伝わりやすくなります。入力が完了したら、「保存して終了」をクリックします。これで、商品ページの作成は完了です。商品が登録されるまで15分ほどかかりますので、時間をおいてから登録した商品を確認してみてください。

新出単語：

コンディション	「名詞」	条件
フルフィルメントチャネル	「名詞」	物流
ガイドライン	「名詞」	指南
ピクセル	「名詞」	像素
セクション	「名詞」	部分
マネキン	「名詞」	人体模特
マルチパック	「名詞」	多件装
ヌード	「名詞」	裸体
カスタマーレビュー	「名詞」	客户评价
紛らわしい	「形容詞」	容易混淆的、不易区分的
バリエーション	「名詞」	変化、変動
ロゴ	「名詞」	标识、标志
ポリシー	「名詞」	政策、方针

カンマ	「名词」	逗号
区切る	「动词」	隔开、隔开
商品紹介コンテンツ	「名词」	产品介绍内容
タグ	「名词」	标签

四、練習

（一）次の漢字の読み方を平仮名で書きなさい。

相乗り出品　　　捉える　　　購買意欲　　　競合他社　　　不足
減退　　　クオリティ　　　直結　　　詳細表示　　　必須項目

（二）次の漢字の読み方をA・B・C・Dの中から一つ選びなさい。

1. Amazonの商品ページは、商品と顧客との接点です。
　A. せつてん　　　　　　　　　　B. せってん
　C. せつでん　　　　　　　　　　D. せっでん

2. 商品を管理するために付与する文字列のことで、日本でもJANコードが一般的です。
　A. ふよ　　　　　　　　　　　　B. きよ
　C. ふうよ　　　　　　　　　　　D. きいよ

3. 商品に適合するキーワードを選定します。
　A. てきあい　　　　　　　　　　B. ていあい
　C. てきごう　　　　　　　　　　D. ていごう

4. 配送料無料などの文言、または出品者固有の情報は表示しないこと。
　A. ぶんけん　　　　　　　　　　B. ぶんこと
　C. ぶんごん　　　　　　　　　　D. ぶんげん

5. ターゲットユーザーのキーワードは最大5つまで箇条書きで入力可能です。
　A. かじょう　　　　　　　　　　B. けじょう
　C. こじょう　　　　　　　　　　D. きじょう

（三）次の文について、正しいのは〇、間違っているのは×をつけなさい。

1. 商品タイプーの選択は、「大カテゴリー」→「中カテゴリー」→「小カテゴリー」の順で選択していく形となります。

2. ブランド名がない場合、この商品には登録できません。

3. 一度登録したブランドの変更は一回しか変更できません。

4. JANコードがない商品の場合、JANコード免除申請をすることで、JANコード無しで登録できます。

5. 商品のメイン画像は画像の85％が商品で表示されています。

（四）次の文を中国語に訳しなさい。

大人用サイズの服の場合は、モデルが着用していること。モデルは立ち姿でなければなりません。座っている、膝をついている、横たわっている状態は認められません。ただし、さまざまな身体可動性を表現する際、および車いすや人口装具など、補助技術を使用しているモデルについては認められます。

（五）次の情報に基づいて、商品ページを作ってみなさい。

产品名称	运动女鞋	产品分类	体育及户外＞户外休闲装备＞运动鞋
UPC	824444686688	品牌及制造商	鸿星尔克
制造商零件编号	FE	原产国/地区	China
颜色	白色	价格	29.99 USD
SKU	GYMBAG-WHITE01	处理时间	5 小时
销售数量	50	状况	全新
产品描述		平底、前系带、网面鞋	
五点描述（其一）	橡胶鞋底	适用人群	女
尺码	35～41	适用场景	休闲

五、知识加油站

亚马逊五点描述

　　亚马逊产品的五点描述，又称为五点特性，是位于产品右侧，标题下方，用于描述产品细节或特性的五个段落，对 Listing 的转化率有重要影响。亚马逊规定，五点描述的每点内容不得超过 500 字符。亚马逊 Listing 中，五点描述的重要性仅次于标题和图片。

　　五点描述撰写注意事项：

1. 字符要求：单行 100 字符以内，但最好不超过 200 字符。
2. 尽可能具体地描述产品的功能，不要写得含糊不清。
3. 不要透露公司的具体信息，亚马逊严禁这一行为。
4. 不要包含促销等相关信息（与标题注意相同）。
5. 不要包含物流信息或者"包邮""2 天到货"等类似字眼。

第二課　出品価格

一、ウォーミングアップ

（1）商品を出品するとき、どのように価格を付けますか。
（2）ほかのライバルより安ければ、売れ行きが良くて、それでいいと思いますか。

二、本文

商品の出品価格はその商品の売れ行きを決める最も重要な要因です。商品を出品するとき、一番やらなくてはいけないのが適切な価格を付けることです。Amazonではほかのライバルと競争することが多くて、つい安値をつけたくなります。しかし、そうすると、相手も追随して、相場が崩れになって、赤字になる恐れがあります。ネットショップをふくめ、何らかのビジネスで利益を上げるためには、「販売価格」を入念に考えて設定することが必要不可欠です。

販売価格の基本

販売価格の基本は「販売価格－原価＝利益」になるということです。

「原価」とは、仕入れ価格や配送費、梱包材代、人件費など、商品を出品するのにかかった費用の合計のことを指します。

なお商品を仕入れた上でさらに加工をする場合は、加工にかかった費用も原価にふくめて計算します。

原価の計算：たとえば、オリジナル縫いぐるみを販売する場合の原価の計算方法はこちらです。

原価の例：
・仕入れ価格：1点あたり500円 × 20点
・仕入れ時の商品の配送費：600円
・梱包材代（ビニール袋：40枚で600円）：600円
・人件費：1時間1,000円 × 2時間（加工作業と梱包に掛かった時間）
○合計：500円/点×20点＋600円＋600円＋1000円/時間×2時間＝13200円
◎原価：20点で13200円、1点で660円。
この場合、1点あたりの原価は660円となりました。

適切な出品価格の付け方

（1）出品価格は最安値から3〜5番目になるように設定します。しかし、その際にも、Amazonプライムとコンディションを考慮しなければなりません。Amazonプライムとは、FBAを使って出品される商品です。FBAを利用すれば、「当日お急ぎ便」などのサービスを使うことができて、発送面でかなり優位に立てます。FBAを利用せずに、出品するときの価格を決めるときは、Amazonで商品名を検索した後、まずAmazonプライムの価格を除外します。続いて、出品価格の購入画面などを参照して、同じコンディションでの最安値を調べます。

（2）原価率で出品価格を求めます。代表的な販売価格の計算方法が、原価率をもとに計算する方法です。簡単的に言うと「販売価格の何割を原価にしうようかな?」という思考法です。仮に、原価が1,000円の商品を原価率3割で販売したい場合は、下記のように計算します。

原価率で計算

原価1,000円の商品を原価率3割で販売したい場合

販売価格 ＝ 原価 ÷ 原価率
3,333円　　1,000円　　3割(0.3)

(3) 予定利益率から出品価格を求めます。

これは「利益がどれくらいほしいか」から逆算する考え方です。

仮に、1,000円の商品を販売する場合に利益が70％ほしい場合は、以下のように計算します。

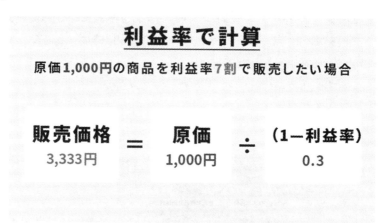

三、スキルアップ

出品価格を変更する

出品価格はセラーセントラルから「在庫」タブからいつでも変更できます。

（1）セラーセントラルで、「在庫」タブにマウスカーソルを合わせ、「在庫管理」をクリックします。任意の商品の出品価格をクリックします。

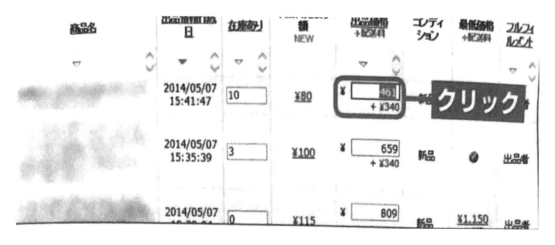

（2）新しい出品価格を入力し、「保存」をクリックすると、変更がAmazonの出品画面に反映されます。

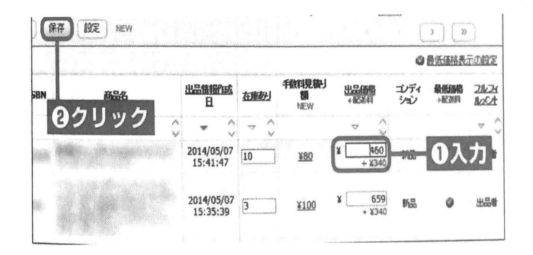

新出単語：

ライバル	「名詞」	対手
安値	「名詞」	低价
追随	「名詞」	跟随
相場	「名詞」	市场行情、市场价
崩れる	「动词」	崩溃
赤字	「名詞」	赤字
入念	「名詞」	小心
梱包	「名詞」	包装
ビニール袋	「名詞」	塑料袋
マウスカーソル	「名詞」	鼠标光标

四、練習

（一）次の漢字の読み方を平仮名で書きなさい。

追随　相場　崩れる　赤字　梱包

（二）次の漢字の読み方をA・B・C・Dの中から一つ選びなさい。

1. まずAmazonプライムの価格を除外します。
   A. じょがい　　　　　　B. しょがい
   C. じょそと　　　　　　D. しょそと

2. 代表的な販売価格の計算方法が、原価率をもとに計算する方法です。
   A. けんかりつ　　　　　B. げんかりつ
   C. げんかひつ　　　　　D. けんかひつ

3. これは「利益がどれくらいほしいか」から逆算する考え方です。
   A. ぎゃくさん　　　　　　　　B. ぎゃっさん
   C. かくさん　　　　　　　　　D. かくざん

4. 出品価格は最安値から3～5番目になるように設定します
   A. せってい　　　　　　　　　B. せつてい
   C. せっじょう　　　　　　　　D. せつじょう

5. FBAを利用すれば、「当日お急ぎ便」などのサービスを使うことができて、発送面でかなり優位に立てます。
   A. ゆうい　　　　　　　　　　B. ゆいい
   C. ゆつい　　　　　　　　　　D. ゆつい

（三）次の文を中国語に訳しなさい。

商品を出品するとき、一番やらなくてはいけないのが適切な価格を付けることです。Amazonではほかのライバルと競争することが多くて、つい安値をつけたくなります。しかし、そうすると、相手も追随して、相場が崩れになって、赤字になる恐れがあります。

五、知识加油站

定 价 策 略

定价策略是市场营销组合中一个十分关键的组成部分。价格通常是影响交易成败的重要因素，同时又是市场营销组合中最难以确定的因素。企业定价的目标是促进销售，获取利润。这要求企业既要考虑成本的补偿，又要考虑消费者对价格的接受能力，从而使定价策略具有买卖双方双向决策的特征。此外，价格还是市场营销组合中最灵活的因素，它可以对市场作出灵敏的反应。

第三課　Amazonの商品紹介コンテンツ

一、ウォーミングアップ

（1）Amazonの商品紹介コンテンツとは何ですか。
（2）2種類のセラーアカウントもAmazonの商品紹介コンテンツを利用可能ですか。
（3）無料でAmazonの商品紹介コンテンツを利用できますか。

二、本文

　　出品商品の購入画面では、価格の安い出品者ほど上位に表示されます。だけど、ユーザーは価格だけで購入するわけではありません。商品の情報をできるだけ充実することも重要です。
　　Amazonの商品紹介コンテンツは、「A＋」と呼ばれ、商品詳細ページの下部に表示されるコンテンツです。画像やテキストなどを活用し、商品の特徴や使用イメージなど、商品詳細ページの情報量を充実させられる機能があります。Amazonの商品紹介コンテンツを利用するためには、大口出品プランを利用する必要があります。

Amazon 商品紹介コンテンツの種類

Amazon 商品紹介コンテンツは、以下の3種類に分けられます。

1. ベーシックAプラスコンテンツ

ベーシック商品紹介コンテンツとは、商品詳細ページに商品の特徴や用途などの

情報を追加したコンテンツです。商品の魅力や使用イメージなどを訴求でき、購入を促しやすくなります。ベーシック商品紹介コンテンツで設定できる項目は、以下の通りです。

　　※17種類のモジュールを用いたレイアウトの編集
　　※段落見出しや画像の編集
　　※商品の比較表の追加
　　※箇条書きや番号付きリストなどのテキスト編集

大口出品プランのセラーであれば、無料で利用可能です。

2. プレミアムAプラスコンテンツ

プレミアム商品紹介コンテンツは、ベーシック商品紹介コンテンツよりも質の高い商品詳細ページを作り込めるコンテンツです。

動画が挿入できるなど、利用できるモジュールの選択肢が多く、比較表の内容や画像サイズなどがグレードアップしているので、よりインパクトのあるコンテンツを作成できます。

また、2023年10月より、プレミアムA＋で使用できる比較表上で、レビュー・価格の表示、カート追加ができるようになりました。ページ遷移せず購入に繋げることができるため、積極的に活用してみましょう。

プレミアム商品紹介コンテンツは、現在プロモーション期間中であるため、利用料金は無料です。プロモーション期間が終了するまでに利用条件を満たし、プレミアムA＋を使用できるようにしておきましょう。今後、プロモーション期間が終了した場合は、Amazonから手数料が通知されるため、同意なしに手数料が引かれる心配はありません。

以下にベーシック商品紹介コンテンツとプレミアム商品紹介コンテンツの比較表を記載していますので、どちらを利用するか迷っている方は参考にしてみてください。

	ベーシック 商品紹介コンテンツ	プレミアム 商品紹介コンテンツ
テキストと画像	使用可能	使用可能
比較表	使用可能	使用可能レビュー・価格・カート追加ボタン表示可能
モジュールの数	17	19
ビデオ・ホットスポット	なし	使用可能
ナビゲーションカルーセル	なし	使用可能

3. ブランドストーリー

ブランドストーリーとは、ベーシックもしくはプレミアム商品紹介コンテンツとは別の箇所に掲載されるため、併用して掲載可能なコンテンツです。

パソコンまたはスマホでカルーセル形式のコンテンツをフルスクリーンで表示できるので、消費者へのインパクトが強いです。他の商品やブランドストアへのリンクも設置でき、集客にも効果を発揮します。

🛒 Amazon 商品紹介コンテンツ（A＋）のメリット

1. 商品ページの情報量の増加でCVR向上を期待できます

商品紹介コンテンツ（A＋）を活用すると、通常の商品詳細ページよりも多くの情報を盛り込むことができます。

通常の商品詳細ページの情報に加えて、画像を交えた商品説明や比較表などのコンテンツを充実させられるのが特徴です。

消費者は情報量が多い方が購入を検討しやすいため、CVR（コンバージョン率）の向上を期待できます。また、画像やテキストの配置を工夫することで他社との差別化もしやすく、競争で優位に立ちやすいのもメリットです。

2. Amazon SEOの評価につながる可能性があります

商品紹介コンテンツ（A＋）は商品ページの情報量を増やすことができるため、Amazon SEOにもよい影響を与える可能性があります。Amazon SEOの明確な基準やアルゴリズムは示されていませんが、以下の要素が重要と考えられています。

要素	評価を得るための主な対策
商品名	・検索ニーズの高いキーワードを適度に盛り込む ・検索しやすい自然なタイトルにする
商品仕様	・検索ニーズの高いキーワードを適度に盛り込む ・商品を理解するために必要な情報を記載する
商品説明文	商品の詳細や魅力をわかりやすく記載する
販売実績	直近1週間の販売件数を増やす
CVR	一定の基準以上にCVRを高める
在庫保持率	在庫切れが起きないように、余裕をもって在庫を維持する
価格	適正な価格を設定する

商品紹介コンテンツガイドラインの主な内容は、以下の通りです。詳しくは、Amazonセラーセントラルのヘルプをご確認ください。

項目	内容
画像	・対応している画像ファイルはjpg、bmp、png ・不鮮明な画像や品質の低い画像などは使用できないなど
テキスト	・コンテンツで指定している言語以外は使用できない ・文法や句読点の誤り、フォント設定の乱用などは避ける
表示と受賞	・受賞や推薦文は受賞日や獲得日付などの詳細を記載する ・2年前以上の賞を記載してはいけない ・認定を記載する場合は、実証するための書類や証拠が必要になるなど
コンテンツの制限事項	・Amazonポリシーに違反しない ・自社に関する記載をしない ・配送料や個人情報などを記載しないなど

　商品紹介コンテンツ（A＋）を利用すると、通常の商品説明文は非表示になります。商品説明文を補うように商品紹介コンテンツ（A＋）を併用することはできないので、どちらで商品を紹介するかを十分に考えて利用しましょう。

三、スキルアップ

Amazon 商品紹介コンテンツ（A＋）の作成

　5つのステップで商品紹介コンテンツ（A＋）を作成します。
　それでは、コンテンツマネージャーページから作成を開始しましょう。
　（1）まず、セラーセントラルの「在庫」から「商品紹介コンテンツ管理」を開きます。「商品紹介コンテンツの作成を開始する」を選択すると、コンテンツの追加が可能です。コンテンツの詳細を入力します。
　（2）次に、コンテンツの名前を入力した上で、言語を選択します。
　（3）コンテンツモジュールを選択すると、モジュールの設定画面が表示されます。モジュールを追加します。モジュールは、ベーシック商品紹介コンテンツでは17種類、プレミアム商品紹介コンテンツでは19種類から選べます。選択したモジュールに合わせて、テキストや画像を追加していきます。
　（4）適用するASINを選択します。対象のASINを選択し、適用するASINで「コンテンツを適用」をクリックします。
　（5）コンテンツのプレビューを確認し、Amazonに提出します。
　ここまでの設定を完了すると、商品紹介コンテンツの下書きが作成されます。
　下書きのプレビューを確認し、問題がなければ、承認を受けるために、Amazonへ送信しましょう。

新出単語：

ベーシックAプラスコンテンツ	「名詞」	基础 A＋页面
プレミアムAプラスコンテンツ	「名詞」	附加 A＋页面
グレードアップ	「名詞」	升级
インパクト	「名詞」	冲击
ブランドストーリー	「名詞」	品牌故事
フルスクリーン	「名詞」	全屏

四、練習

（一）次の漢字の読み方を平仮名で書きなさい。

追加　訴求　促す　挿入　遷移　繋げる　併用

（二）次の文について、正しいのは○、間違っているのは×をつけなさい。

1. 出品価格が安ければ安いほど、売れ行きがいいです。
2. 小口出品であれ、大口出品であれ、Amazonの商品紹介コンテンツを利用することができます。
3. 大口出品プランのセラーであれば、無料でベーシックAプラスコンテンツを利用できます。
4. プロモーション期間が終了した場合は、Amazonから同意なしに手数料が引かれます。
5. 商品説明文を補うように商品紹介コンテンツ（A＋）を併用することはできません。

（三）次の文を中国語に訳しなさい。

商品紹介コンテンツ（A＋）を利用すると、通常の商品説明文は非表示になります。商品説明文を補うように商品紹介コンテンツ（A＋）を併用することはできないので、どちらで商品を紹介するかを十分に考えて利用しましょう。

五、知识加油站

亚马逊 A＋页面被拒的原因

1. 将公司列为卖家或分销商。
2. 提及卖家授权，比如商品仅由授权专销商销售。

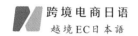

3. 存在任何担保或者保证、满意度声明，或者提及亚马逊平台以外的退货退款。

4. 有提及定价或者促销以及引导买家购买的语言。

5. 有配送详情，比如免费配送。

6. 在文本的任何位置使用版权、商标或注册符号。

7. 夸大评论或存在具有时效性的商品信息。

8. 添加两条以上的评论或者第三方言论。

9. 有模糊不清或者质量差的图片。

10. 包含水印或难以辨认文字的图片。

11. 复制详情页面上主图片块中多张图片的商品描述。

12. 有模仿亚马逊徽标、详情页面标题或详情的图片或文本。

13. 有试图转至亚马逊内部或外部的链接。

14. 有语法错误、标点错误、拼写错误等。

15. 有未经证实的声明。

16. 有主观语言。

第四課　商　品　名

一、ウォーミングアップ
（1）売れる商品の商品名には、果たしてどのような特徴がありますか。
（2）売れている商品名はどんな共通点がありますか。

二、本文

　　新商品を発売する際には、当然ですが、名前を考えなければいけません。ユーザーは商品の価格と商品ページの説明文の内容を加味して、購入先を決定します。しかし、工夫次第では、さらに効率よく出品商品の注目度を高め、ユーザーの購買意欲を掻き立てることができます、その工夫の一つが魅力的な商品名をつけることです。いくら商品が魅力的でも、商品名の訴求力が弱ければ、購入には結びにくいというのが事実です。つまり、商品名はセンスが問われることに加え、売り上げにもつなげます。

🛒 Amazonの商品名のルール

1. Amazonでは、商品の正式名称を記載することが義務付けられています

　　商品の正式名称とは、ブランド名やメーカー名はもちろんですが、略称ではなくフルネームで品番やバージョン名の情報を正確に盛り込まなければなりません。たとえば「HUAWEI60」など、バージョン名自体が商品名になっているアイテムの場合は「HUAWEI」ではなく「HUAWEI60」と商品がはっきり識別できるように記載しましょう。

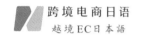

2. 商品名を設定するときには、Amazonが指定した文字数を遵守しましょう

　Amazonでは、商品名の文字数がスペースを含めて全角50文字以内にするよう述べています。ファッション（小物）、靴・バッグ、時計、ジュエリーなどのカテゴリーに関しては、スペースを含めて文字数が全角65文字以内です。

　一部のカテゴリーを除き、商品名の文字数がスペースを含めて全角50文字以内にするように調整する必要があります。

3. Amazonで商品名を決めるときには、半角ルールもきちんと押さえておきましょう

　多くのECプラットフォームで認められている半角カタカナですが、Amazonでは使えません。また、Amazonでは数字の入力についても「1」「2」などのアラビア文字のみに限定されています。漢数字の使用は禁止されているので、数字を入力するときは規約違反をしないように気を付けましょう。さらに、アルファベットとハイフンは半角で入力するように、Amazonがルールに定めています。

　ほかにも、商品名にスペースを含めるときには半角で入力するようにしましょう。たとえば「メーカー名 商品名 500ml×24本セット」など、項目ごとにキーワードを商品名に入力するときには半角のスペースを使用しましょう。

4. Amazonの商品名には、分量や日数情報もかならず記載しなければなりません

　分量とは「商品名 ○○ml」「商品名 ○○g」など、商品の内容量がわかる表示のことです。日数情報は、通常の商品ではほぼ記載することはありません。Amazonで商品名に日数情報を記載する商品を挙げると、特典で無料体験が付いた商品です。たとえば、30日間の無料体験が付いた販売管理ソフトを出品するなら「30日間の無料体験付」と無料体験できる日数情報を商品名に記載しておきましょう。

5. Amazonで期間限定の商品を販売する場合は、商品名に購入の申込み期間を記載する必要があります

　たとえば、電子書籍の無料販売を行いたい場合は「商品名【期間限定無料】」など、期間限定の販売であること、無料であることの両方を商品名に明記します。購入の申込み期間の日程が決まっている商品の場合は「期間限定価格 ○/○～○/○」など、期間限定である旨と共に、購入期間の具体的な日数や日付を商品名に明記しましょう。いずれも「期間限定販売」を示すキーワードは、商品名の一番前に入力するとよいでしょう。

6. 商品と関連のない情報を含めないようにします

　Amazonの商品名では、商品と関連のない情報を含めることもNGとされています。

EC販売において、商品名と関連のないキーワードのよくある事例としては「セール」「激安」「送料無料」「80％オフ」「即納」など、価格の安さやお得感、納期についての情報です。ほかにも「春」「初夏」「サマー」といった季節・シーズンの名称も、商品と直接関連のないキーワードに含まれてしまいます。Amazonで商品を登録するときには、商品名に関連する用語を意識して列挙するようにしましょう。

7. 商品と関係のない文字は含めないようにします

Amazonでは、商品名に商品と関係のない文字を含めることを禁止しています。商品名と関係ない文字は、主に「！」「☆」などの記号や特殊文字、機種依存文字のことです。ほかのECモールでは、商品名に記号や特殊文字、機種依存文字を使っても認められるケースがありますが、Amazonでは一切使用を認めていません。ただし、商品名やブランド名自体に「！」「☆」などの記号や特殊文字、機種依存文字が含まれる場合は商品名に入力してもOKです。

Amazonで商品と関係のない文字を商品名に含めると、検索エンジンに正しく表示されない恐れがあります。そのため、記号や特殊文字、機種依存文字の入力には注意しましょう。

8. 仕入れルート・状態のわかるワードを記載します

Amazonで出品する商品の種別によっては、仕入れルートや商品の状態がわかるワードを記載することも必須です。出品商品の調達先が正規販売店、あるいは正規メーカーであれば特別な記載は不要です。ただし、上記以外の方法で調達した商品については、何らかのプラス情報を商品名に明記しなければなりません。たとえば、商品名に「アウトレット品」「バルク品」「並行輸入品」などのキーワードを含めれば、商品の調達先や状態がわかるはずです。

Amazonでは、ブランド名のないノーブランドの商品を出品する場合であっても「ノーブランド品」と商品名の前に記載する必要があります。Amazonで商品名を決めるときには、事前に仕入れルートや商品の状態を調達先に確認しておきましょう。

9. まとめ売りを区別するワードを記載します

Amazonでまとめ売りを行う場合は、商品名にまとめ売りを区別するワードを記載する必要があります。たとえば「3枚セット」「20種類入り」など、販売する商品の中身や点数などを数字で明確に示さなければなりません。EC販売では定番になっている福袋も、まとめ売りでもっとも使うキーワードの一つです。Amazonでまとめ売りを行う場合、実際の商品と商品名の内容が異なっていると出品停止になる恐れもありますので、出品時にはくれぐれも注意しましょう。

🛒 売れている商品名の共通点

1. ストーリーを感じさせます

　ロングセラー商品には、名前にストーリーが伴うケースが少なくありません。一例として、お菓子メーカーの亀田製菓株式会社から発売されている「ハッピーターン」は、経済不況からの脱却を願って名付けられたと言われています。ポジティブなサイクルを予測させてくれるこのような背景があると、たとえ逆境に立たされても「何か良いことがあるかも」という期待を無意識でも持つようになり、購入へと動く人が出てくるのでしょう。購買プロセス、シナリオさえも描ける構図がここにはあります。

2. インパクトがあります

　人気商品にインパクトは付き物です。日本コカ・コーラ株式会社が販売している清涼飲料水の「Qoo（クー）」は、ビールを飲んだときの大人のように、満足感を「クー」という言葉で表現しているといいます。その由来を聞くとあまりに率直でなんとも大胆な印象を覚えますが、ゆえに商品名としてもインパクトがあるのでしょう。個人の感想ではありますが、実際に美味しいこともさることながら、コンセプト含めて人気を博すのも当然だと思います。

3. オシャレな雰囲気を帯びています

　株式会社ブルボンから発売されている「ホワイトロリータ」や「ショコラセーヌ」などは、女性中心に好評を得ています。ターゲットが若い女性というのもうなずけます。フランス菓子を彷彿させることで、売り上げへ貢献していく算段でしょう。こうしたニュアンスをオシャレな雰囲気を持たせることで表現すれば、高級感を演出できます。老若男女に合わせて、そのテイストこそ分けて考えていく必要はありますが、ファッション同様、消費者へこだわりという楽しみを与えてくれる構造であることは、共通して理に適っていて、戦略として納得です。

📈 三、スキルアップ

売れる商品名をつけましょう

1. 消費者にアピールしたい商品の特徴を具体化します

　商品の特徴は、名前に含ませると効果的です。売れる商品名の付け方でもっとも重要なのは、商品の特徴をなるべく具体化することです。たとえば、本革バッグを出

品するなら「本革バッグ」という商品名になります。同じ本皮でも「本革100％」など、素材に使用される革の割合も記載すると、より高価な商品である印象につながります。つまり、商品の魅力をわかりやすく伝えることとなり、消費者を引き付けることができます。

2. 覚えやすい商品名を付けます

商品名がやたらと長かったり、発音しにくかったりすると、お客様の記憶に残らないことが考えられます。逆に、シンプルなものや、語呂合わせのように覚えやすい場合なら、印象付けが容易かもしれません。

3. ブランド名・メーカー名は先頭に入れます

Amazonでは、ブランド名やメーカー名をかならず商品名の先頭に入れておく必要があります。Amazonの出品初心者の中には、他モールの感覚でブランド名やメーカー名を商品名の真ん中や最後にもってくる方も少なくありません。しかし、Amazonの検索エンジンでは、ブランド名やメーカー名は先頭に入れなければ、検索に引っかかりにくい仕組みになっています。

Amazonの検索エンジンで自社の商品を正常に表示させるには、ブランド名やメーカー名を先頭に列挙するようにしましょう。

4. 商品名にキャッチコピーを加えます

商品名にキャッチコピーを加える方法も、ユーザーの注目を集めるのに役に立ちます。例えば、メディアで紹介された旨を商品名に追記します。「人気ドラマで放映されて、話題沸騰」、「あの人気おしゃれモデルも愛用」という文言を商品名に加えるだけで、売上は大きく変わっていきます。さらに、「新品未使用」、「付属品完備」、「16時までの注文は即日出荷」、「初期不良につきましては30日間の保証がつきます」といった文言を添えて出品すれば、高い販売効果を期待できるのでしょう。

5. 商品名の記載方法

```
キャッチコピー＋ブランド名＋キーワード＋補足情報
 テレビや映画で紹                        サイズ、色など
 介されたなど
```

新出単語：

| 掻き立てる | 「动词」 | 搅拌、激起 |
| センス | 「名词」 | 灵感、常识 |

盛り込む	「动词」	加入、添加
激安	「名词」	特别便宜
アウトレット品	「名词」	直销商品
バルク品	「名词」	散装商品、大宗商品
ポジティブ	「形容动词」	积极的、肯定的
サイクル	「名词」	周期
シナリオ	「名词」	场景

四、練習

（一）次の漢字の読み方を平仮名で書きなさい。

加味　工夫　識別　即納　並行輸入品　沸騰

（二）次の漢字の読み方をA・B・C・Dの中から一つ選びなさい。

1. たとえ逆境に立たされても「何か良いことがあるかも」という期待を無意識でも持つようになり、購入へと動く人が出てくるのでしょう。

    A. ぎゃくきょう　　　　　　B. ぎゃっきょう
    C. きゃくきょう　　　　　　D. きゃっきょう

2. 購買プロセス、シナリオさえも描ける構図がここにはあります。

    A. こうず　　　　　　　　　B. ごうず
    C. こうす　　　　　　　　　D. こうず

3. フランス菓子を彷彿させることで、売り上げへ貢献していく算段でしょう。

    A. ほうふう　　　　　　　　B. ほうふつ
    C. ほうぶう　　　　　　　　D. ほうぶつ

4. シンプルなものや、語呂合わせのように覚えやすい場合なら、印象付けが容易かもしれません。

    A. ごろ　　　　　　　　　　B. ごご
    C. ごろう　　　　　　　　　D. ごごう

5. メディアで紹介された旨を商品名に追記します。

    A. ついき　　　　　　　　　B. つうき
    C. ついきい　　　　　　　　D. つうきい

（三）次の文を中国語に訳しなさい。

Amazonでは、ブランド名やメーカー名をかならず商品名の先頭に入れておく必要があります。Amazonの出品初心者の中には、他モールの感覚でブランド名やメーカー名を商品名の真ん中や最後にもってくる方も少なくありません。しかし、Amazonの検索エンジンでは、ブランド名やメーカー名は先頭に入れなければ検索に引っかかりにくい仕組みになっています。

五、知识加油站

亚马逊标题

在亚马逊卖家中心，亚马逊对于产品标题给出了明文规定。

1. 必须符合所属商品分类的建议字符长度（包括空格）规定，商品名称应简洁，建议商品名称少于 80 个字符。

2. 不得包含促销用语，如 free shipping、100% quality guaranteed。

3. 不得包含用于装饰的字符，如~！＊＄？＿～｛｝＃<>｜＊。^

4. 必须包含识别商品的信息。

5. 请勿全部使用大写字母。每个单词的首字母大写，但介词（in、on、over、with）连词（and、or、for）或冠词（the、a、an）除外。

6. 直接使用阿拉伯数字，如"2"，而不是英文"two"。

7. 请勿使用非语言 ASCII 字符，如 A、or。

8. 请勿使用主观性评价用语，如"Hot Item"或"Best Seller"。

9. 商品名称可以包含必要的标点符号，如连字符(-)、正斜杠(/)、逗号(,)、和号(&)和句点(.)。

10. 商品名称可以缩写测量值，如 cm、oz、in 和 kg。

11. 商品名称中不能包含卖家名称。

12. 尺寸和颜色应包含在子 ASIN 的商品名称中，而非包含在主要商品名称中。

亚马逊平台目前最常见的标题组成形式，可以总结为以下组成公式：品牌名＋核心关键词＋颜色/尺寸等属性词＋适用范围/人群＋商品特性。这个标题组成公式适用于大部分商品。

第五章

贩卖战略

知识目标
掌握营销的基本理论和知识，了解亚马逊广告的优势、类型以及其他常用销售策略和促销技能。

能力目标
逐步具备从事和经营产品营销和服务营销实际业务的实践操作能力与技能。

素质目标
形成现代市场营销观念并建立营销职业意识，理解营销在现代商业中的重要性和影响，同时建立对市场营销的职业认同感。

第一課　Amazon 広告

一、ウォーミングアップ

（1）ただ出店しただけで売上を伸ばしていくのですか。

（2）「地球上で最も豊富な品揃え」と謳っているAmazonに出品されている商品数は数億に及ぶと言われていることをご存知ですか？多数ある商品の中で、どうすれば、ユーザーに購入してもらいますか。

二、本文

インターネット上に場所を設けて販売すること自体は簡単だが、それが実際に「売れる」ことと必ずしもイコールになるわけではない。開店後にしっかり集客するための販売戦略についても準備をした上で店舗運営に臨んでいったほうがいいです。まず勧めたいのが「Amazon広告」です。

Amazon広告ってなに？

Amazon広告とは、Amazonが運営する広告のことです。商品数が数億もあるAmazonでユーザーに商品を知ってもらうためにAmazon広告は有効です。

コロナの影響もあり、通販で買い物をする人が多くなっていることや店舗でしか販売をしていなかった企業が出品を始めたことなどにより、出品される商品数も更に増えていくと考えられます。そのため、Amazon広告についての知識を持っていることは重要になってくるでしょう。

🛒 Amazon広告を利用するメリット

（1）CMなどを使ってAmazonの宣伝を行っていたり、セールなども開催していたりするため集客力があり、このAmazon内で広告を回すことで売上の最大化を目指すことができるんです。

（2）売上のサイクルを作ることができます。Amazon広告を回すことで、商品をユーザーに認知してもらう機会を増やします。商品を認知してもらえると、商品詳細ページの閲覧数が増加し、それに伴って販売数も増加できます。販売数が増えると、「お客様に人気の商品」とAmazonに判断され、Amazon内検索順位が上がります。そうすると、さらにユーザーに認知してもらう機会が増え、売上最大化のサイクルの完成です。

（3）少ない金額からでも始められる広告があります。インプレッション課金型の広告もありますが、種類によってはクリック型課金で広告を始めることができます。また、1日の予算額も設定することができるので、少ない金額からでも始めることができるのはAmazon広告のメリットです。

🛒 Amazon広告の種類

1. スポンサープロダクト広告

スポンサープロダクト広告は、より商品の認知を上げるために使います。すぐに始められるので、「広告をすぐに回し始めたい！」と考えている人は、スポンサープロダクト広告から始めるのがいいでしょう。掲載先は、「検索結果ページ」と「商品詳細ページ」の2箇所です。

スポンサープロダクト広告はクリック課金制（CPC）広告です。

（1）数回のクリックで売上を伸ばす。

スポンサープロダクト広告では、お客様を商品詳細ページに直接誘導し、1～2回のクリックのみで手軽に閲覧または購入を可能にすることで、個々の商品の売上拡大に役立ちます。

（2）情報に基づいた購入決定を促す。

スポンサープロダクト広告は、広告対象商品の在庫がある場合にのみ表示されます。また、信頼できるAmazonショッピング情報が含まれているため、お客様が商品をクリックする前に、情報に基づいた閲覧や購入の意志決定をサポートできます。

（3）特定のニーズに合わせて広告を管理する。

1日の予算で広告費を管理できるため、費用を効果的に管理できます。

（4）予算に合わせて最適化。

買い物客が広告をクリックした場合にのみ支払いが発生するため、関心を示したお客様に向けて確実に投資できます。

2. スポンサーブランド広告

スポンサーブランド広告の目的は、ブランド認知を高めるというもので、検索キーワードと競合のページに対して出稿するものです。検索結果ページの一番上の部分に表示されます。

スポンサーブランド広告は、Amazonストア内でのお客様のブランド発見をサポートするための広告ソリューションです。

（1）検索結果の上部や商品ページに掲載して、お客様の注目を集めるのをサポートできます。

（2）正確なキーワードターゲティングと商品ターゲティングで、貴社にとって重要な購入者層にリーチできます。

（3）Amazonストアでのブランドプレゼンスを強化し、お客様の認知向上と信頼関係の構築に貢献できます。

（4）ブランドクリエイティブを利用したスポンサーブランド広告では、商品画像のみの広告よりもクリックスルー率とブランド検索が50％以上増加できます。

3. スポンサーディスプレイ広告

こちらは、広告を掲載する商品を選ぶだけで、購入者の購買行動に基づいてAmazon内外で自動的に広告が生成されるというものです。2019年の10月末から日本で利用できるようになった広告です。広告は商品ページのリンクが設定されています。閲覧と購入に関する傾向を元に自動的に作られ回してもらえるというのはメリットです。しかし自分でクリエイティブを作ることができないというのはデメリットとも言えます。

スポンサーディスプレイ広告と他のスポンサー広告との大きな違いは、ターゲティングの方法にあります。スポンサープロダクト広告やスポンサーブランド広告は検索キーワードや特定の商品に対してターゲティングを行いますが、スポンサーディスプレイ広告は商品やユーザーの購買行動を対象にターゲティングします。

広告	ターゲティング方法
スポンサープロダクト広告	検索キーワードや商品
スポンサーブランド広告	検索キーワードや商品
スポンサーディスプレイ広告	商品やAmazon関連のサイトのユーザー行動

スポンサーディスプレイ広告のメリット：

（1）Amazon内はもちろん、外部サイトにも広告を表示できることから、広範囲に商品やブランドをアピールできます。

（2）スポンサーディスプレイ広告は、ユーザーの過去の行動に基づいたリマーケティングを利用できます。リマーケティングとは、一度商品詳細ページに訪問または購入したことのあるユーザーに対して、再度アプローチするターゲティングです。

（3）他のスポンサー広告でリーチできない層へのターゲティングができます。

三、スキルアップ

スポンサープロダクト広告を作成

（1）「広告」をクリックしてから、「広告キャンペーンマネージャー」をクリックします。

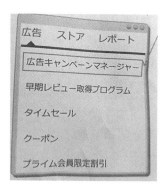

（2）「キャンペーンを作成」をクリックします。

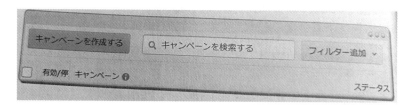

（3）キャンペーンの種類を選択します。スポンサープロダクト広告の下の「続ける」をクリックします。スポンサープロダクト広告は商品を宣伝する広告です、スポンサーブランド広告は商品のブランドを宣伝する広告です。

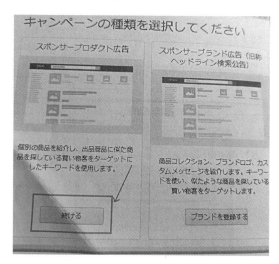

（4）キャンペーンを作成します。

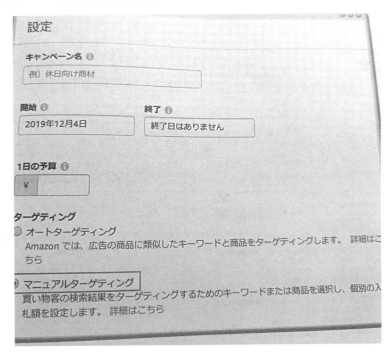

（5）「マニュアルターゲティング」をクリックします。
（6）「広告グループを作成します」。

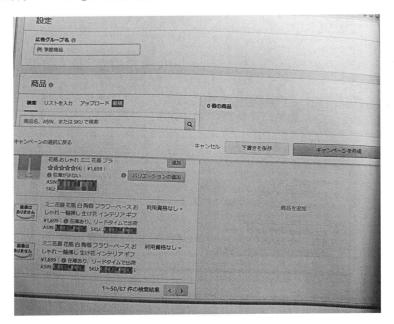

（7）「キーワードターゲティング」をクリックします。購入者が出品者の商品と類似する商品を検索する際の検索語が分かっている場合に、キーワードターゲティングを使用します。「商品ターゲティング」を使うと、買い物客が商品詳細ページやカテゴ

リーを閲覧する際やAmazonで商品を検索する際に、出品者の商品を見つけやすくなります。

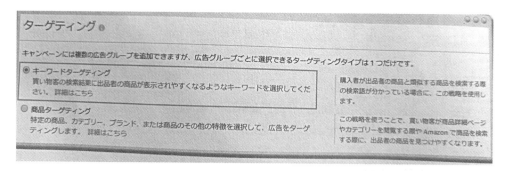

「キーワードターゲティング」をクリックした後、以下の内容を入力します。

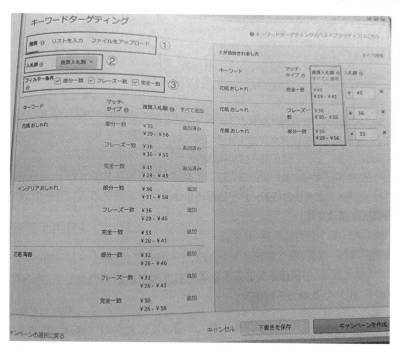

(8)「キャンペーンを作成」をクリックして、完成。

新出単語:

イコール	「形容动词、名词」	相等的、等号
臨む	「动词」	眺望、期待
インプレッション課金型	「名词」	展示付费广告
クリック課金型	「名词」	点击付费广告
スポンサープロダクト広告	「名词」	商品广告
スポンサーブランド広告	「名词」	品牌广告

四、練習

（一）次の漢字の読み方を平仮名で書きなさい。
販売戦略　同梱物　類似　課金制　広告主

（二）次の文を中国語に訳しなさい。
　Amazon広告を回すことで、商品をユーザーに認知してもらう機会を増やします。商品を認知してもらえると、商品詳細ページの閲覧数が増加し、それに伴って販売数も増加できます。販売数が増えると、「お客様に人気の商品」とAmazonに判断され、Amazon内検索順位が上がります。

（三）ビデオ編集APP（例えば、Meitu、Vsco、Wink、ps express）を使って、西湖龍井茶の動画広告を作りなさい。

五、知识加油站

亚马逊广告匹配方式

在亚马逊广告投放中，对于手动广告的投放选词，往往会有三种词语匹配方式，广泛匹配、词组匹配和精准匹配。

一、广泛匹配

广泛匹配意味着在宽泛的基础上向用户展示你的广告，如果你设置了广泛匹配的方式，意味着顾客用你设置的词语搜索时，你的产品会展示出来，当客户用和你的关键词相关的词语搜索时，你的广告同样会展示出来，这可能包含

关键词的同义词、拼写错误的词、变体形式的词、复数词以及词语顺序颠倒的词，等等。

二、词组匹配

词组匹配允许你将目标搜索词缩小到特定短语，词组匹配的一个典型特征是允许你把握词语的顺序，买家搜索的词语需要和你设置的词语部分一致才行。即短语及其近似变体。与广泛匹配相比，该类型的匹配限制性更强，通常会将卖家的广告显示在相关度更高的位置。词组匹配包含一比一匹配、拼错情况、同义词、复数形式、分词式和近似变体。

三、精准匹配

精准匹配是指完整的一模一样的匹配方式、一比一匹配和近似变体（包括单复数、拼错、分词形式）匹配。买家的搜索查询必须与关键词的词序完全匹配，广告才会显示，另外还将匹配与确切的关键词近似的变体。精准匹配是限制性最强的匹配类型，但其匹配结果与买家搜索的相关度更高，流量最精准。

对于三种广告匹配的方式，并不限于只使用某一方式，卖家可以结合自己的产品和关键词，以及运营的需求，将三种方式相结合去使用。

第二課　そのほかの販売戦略

一、ウォーミングアップ

（1）Amazonでは広告以外に何か他の販売促進戦略がありますか。

（2）いろんな販売促進戦略を使いましたが、転換率がまた低い場合はどうしますか。

二、本文

あまり知られていませんかもしれませんが、Amazonでは広告以外にいろんな販売促進戦略ができます。

1. タイムセール

タイムセールとは 時間帯を限定して行われるセールのことです。スーパーやデパート などといった店舗などでしばしば行われるほか、インターネット上のECサイトなどでも 行われます。タイムセールは普通タイムセールと数量限定タイムセールの2種類あります。

普通タイムセールの対象商品は数量に限りなく、その時間内にセール価格で販売するのに対し、数量限定タイムセールは決まった数量だけが早い者勝ちで販売します。

44%オフも！Amazonタイムセールで「インフィニティチェア」や「テント」が今ならお買い得ですよ

2. 組み合わせ販売

組み合わせ販売とは顧客が購入しようとしている商品と別の商品を提案し、購入を検討してもらうこと、意図的に合わせ買い促進することです。二つ以上の同じ商品、または複数の商品をセットにして、販売します。こうすれば、ユーザーが負担する送料も削減できますし、在庫も一掃しやすくなります。Amazonでは商品を別々に注文すると、基本的に、それぞれに規定の送料が発生します。組み合わせ販売は商品一つ分だけの送料負担で、買得になります。

転換率（購買率、交換率）＝購入件数÷アクセス数。例えば：百人見て、二人買ったら、交換率2%です、組み合わせ販売で、購入件数が増えて、転換率をあげることもできます。

3. 呼び込みパンダ商品を設定

呼び込みパンダ商品とは利益を取るためではなく、より多くのお客さんをひきつけることを目的とした商品のことです。

4. Amazonのポロモーションを活用します

Amazonでは、新規商品詳細ページを作成した商品に限っては、様々なポロモーションを作成し、さらに売上を伸ばすことができます。

ポロモーションの種類

（1）配送料無料：一定の個数や金額を注文すると、配送料が無料になるポロモーションです。

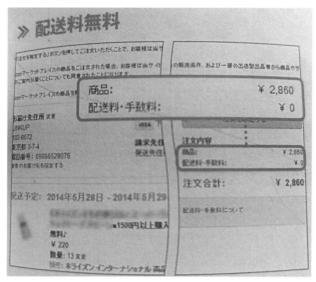

（2）購入割引：一定の個数や金額を注文すると、購入価格が自動的に割引されるポロモーションです。

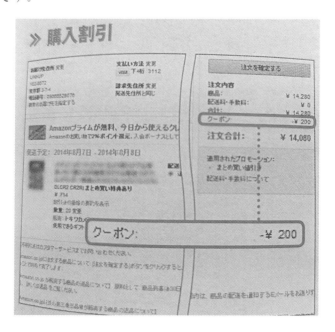

（3）一点購入でもう一点プレゼント：一定の個数や金額を購入すると、同じ商品を無料でもう一つ購入できるポロモーションです。

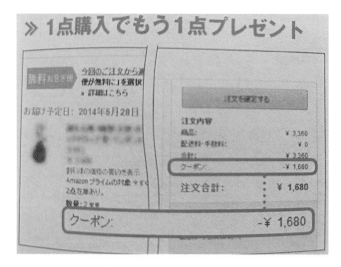

※メルマガは禁止

メルマガとは例えば、すでにこの店て買ってくださっているリピーターのお客さん向けに、メルマガ配信して、来てくださいというように配信します、Amazonでは、ユーザーに直接メールマガジンを送るような販促活動は規約で禁止されています。

三、スキルアップ

配送料無料を設定します

配送料無料の設定は「プロモーション管理」画面で作成できます。

（1）セラーセントラルで「在庫」タブにカーソルを合わせ、「プロモーション管理」をクリックします。

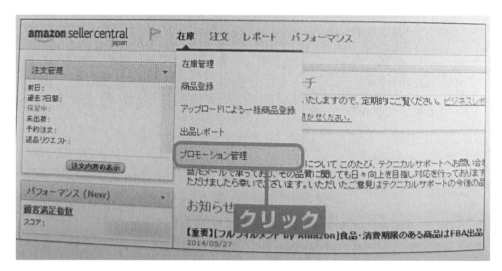

第五章　販売戦略

(2) プロモーションの下にある「作成」をクリックします。

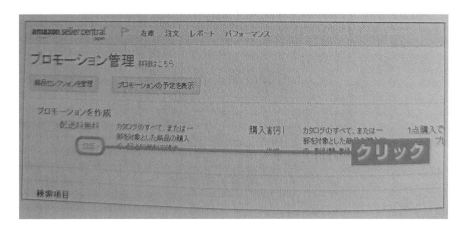

(3)「適用条件」で購入最低額あるいは購入最低数量をクリックして、画面右に注文金額または数量を入力します。

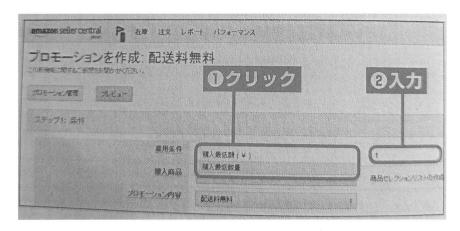

(4)「購入商品」で「商品セレクションリストの作成」をクリックします。

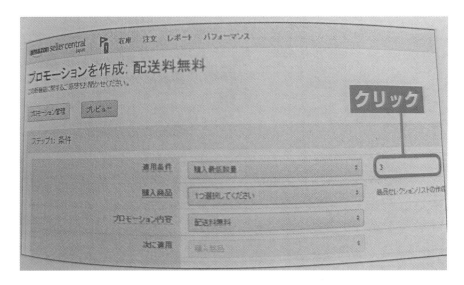

（5）表示候補の中から、「ASINリスト」をクリックして、「送信」をクリックします。

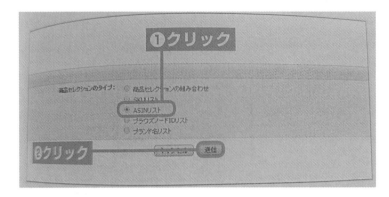

（6）「商品セレクションの名前/トラッキングID」に商品名などを入力し、ASINリストに対象商品のASINを入力します、それから、「送信」をクリックします。この後、手順4の画面に戻ります。

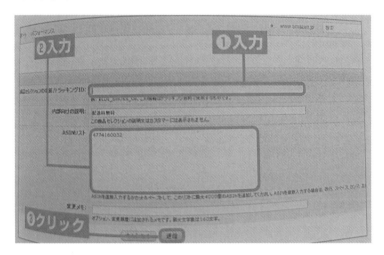

（7）「購入商品」の「一つ選択してください」をクリックして、手順5-6で作成した商品セレクションをクリックして選択します。

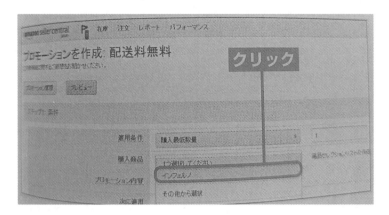

第五章　販売戦略

（8）「通常便」か「エクスプレス便」をクリックして、ポロモーションを適用したい配送方法を選びます。

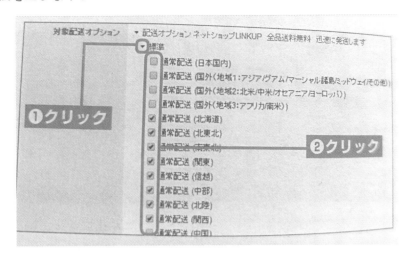

（9）ポロモーションの開始日と終了日を設定します。

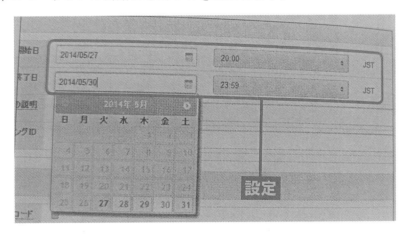

（10）「出品者内部向けの説明」に、プロモーションの内容がわかるようなキーワードを入力し、「プレビュー」をクリックします。

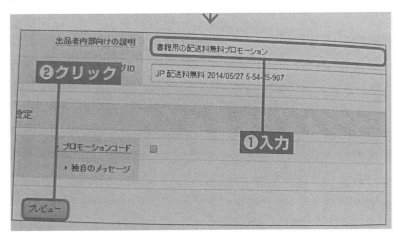

(11) プロモーションの内容を確認し、問題なければ、「送信」をクリックします。

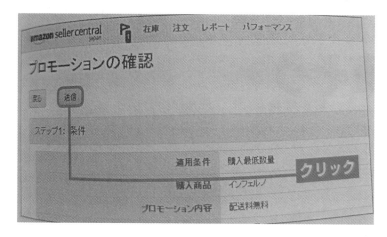

(12)「プロモーション管理」画面に、プロモーションが作成されましたというメッセージが表示されれば、完了です。

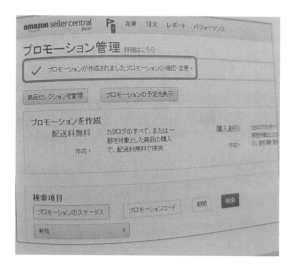

新出単語：

意図的	「形動」	有意図的、有意識的
一掃	「名詞」	扫除、清除
転換率	「名詞」	转换率
呼び込みパンダ商品	「名詞」	引流产品
ポロモーション	「名詞」	促销
メールマガジン	「名詞」	促销短信
セレクション	「名詞」	挑选、选拔
エクスプレス便	「名詞」	快件
プレビュー	「名詞」	试映、友谊赛

四、練習

（一）次の漢字の読み方を平仮名で書きなさい。

意図的　一掃　転換率　候補　販売促進

（二）次の文を中国語に訳しなさい。

メルマガとは例えば、すでにこの店て買ってくださっているリピーターのお客さん向けに、メルマガ配信して、来てくださいというように配信します、Amazonでは、ユーザーに直接メールマガジンを送るような販促活動は規約で禁止されています。

五、知识加油站

优化 listing

可以从以下几个方面去优化 listing（商品的介绍页面）。

价格：价格方面相对于同类型的商品便宜，或者有优惠时，排名会靠前。

物流：尽量选择亚马逊的 FBA 发货，这样会对 listing 排名有帮助。

评价：评价对 listing 的排名也很重要，要提高评价的好评率。

销量：商品的销量与 listing 的排名成正相关。

上架时间：新商品会受到亚马逊一定程度的照顾。

以上讲的五点是权重比较大的，做好 listing 的优化，商品大卖的可能性也会增加。

第六章
物流

知识目标

掌握跨境物流常见的运输方式，以及亚马逊自发货和FBA两种发货模式的各自优缺点，掌握物流运输成本的计算方法。

能力目标

掌握跨境电商物流运营模式；能计算物流运输成本；具备电商仓储操作、电商物流数据分析能力。

素质目标

通过跨境电子商务物流内容的讲解，理解跨境电商物流从业人员的职业品质与责任担当，坚定职业操守和道德底线，做一个遵法、守法的电商物流从业人员，能够践行爱国、诚信、敬业、友善的价值观，以及勇于开拓、敢于试错、永不气馁的创新精神。

第一課　自己発送

📈 一、ウォーミングアップ

（1）商品が購入されたら、どうすれば、海外まで発送できますか。
（2）自己発送の特徴と流れを把握しましょう。

📈 二、本文

🛒 商品を海外まで配送する方法

　海外に商品を送る方法は、大きく分けて航空便と船便の2種類があります。航空便の特徴は、配送時間の短さにあります。最短で1～4日程度で世界各国に配送可能です。配送業者の種類も多く、プランもたくさんあります。ただ、船便に比べると高いコストがかかるのがデメリットです。そのため、売上で輸送コストを補える高価な商品や、品質の劣化が早い商品に適した輸送手段といえます。船便は、大量の貨物を安く運べるのが特徴です。そのため、商業貨物の輸送には一般的に船便が用いられます。大量の商品や大型の商品を運ぶのに適した方法といえるでしょう。ただ、輸送するのに1～3ヶ月と時間がかかってしまうため、スピーディな配送には向きません。

🛒 Amazonの2種類の出品方法

　Amazonで商品を販売するには自己発送とAmazonの配送サービス（FBA）の2種

類の出品方法があります。Amazonで出店する場合は自己発送するか、あるいは、Amazonの配送サービス（FBA）を利用するかを自由に選択できます。

🛒 自己発送のメリット

自己発送とは商品が売れたら、FBA（Fulfillment by Amazon）を使わずに、自分でダンボールや緩衝材を用意して梱包をしてお客様に送るように発送業務を行う方法です。

（1）Amazon手数料は販売手数料しかかかりません。

（2）小型商品だとすれば、利益を大きく得られます。商品のジャンルによって多少異なりますが、小型の商品は一般的には比較的"低価格帯"であることが多いです。だから、配送料金を上手に抑えることで高利益率を維持していけるかが1つのポイントになってきます。せっかく大きな利益を見込める商品を仕入れることが出来ても、配送料金によって利益が圧迫されては意味がないです。本やCDなどの商品を取り扱う場合は、状況に応じて「クリックポスト」や「レターパック」などの配送方法を選択することで、FBAより配送コストを抑えることが可能です。

（3）販売活動がスピーディーに行われます。FBAを利用した場合は、商品をFBAに送ってから受理されるという過程が必要ですので、商品ページに反映されて、実際に販売開始となるまでにだいたい3日くらいかかります。FBA倉庫が近くにある方は、もう少し早く反映されるかもしれませんが、自己発送の場合は、商品登録をしたら数分程度で販売開始できますので、その点はかないません。そのため、急いで販売したい商品は、自己発送を検討したほうがいいと思います。

🛒 自己発送のデメリット

（1）梱包・発送作業が自分で何とかする必要あがありますから、大変です。

自己発送の場合は、梱包・発送の作業が必要になります。商品が多ければ多いほど梱包・発送作業が大変になります。

（2）在庫の保管場所が必要です。

商品の保管場所も考える必要があります。大型の商品を何個も抱えていると在庫の保管場所がなくなってしまうため、サイズも考えなければいけません。保管スペースをあまり確保できない場合はデメリットです。

（3）カートの取得率が下がります。

Amazonで自己発送する場合は、FBAの商品が優先的に最初のカートに出されるため、カート取得されやすいです。これに対して、自己発送の商品は、FBAの商品が多い場合、カート取得されにくいので注意しておきましょう。

（4）出品商品にプライムマークがつきません。

プライムマークがつかないということは、プライム会員にメリットがないということです。そのため、プライム会員に購入される可能性が低くなります。またプライ

ムマークがない場合は、出品者情報がよく見られるのでアカウントの評価を良くしておく必要もあります。

三、スキルアップ

自己発送のやり方

1. 注文の詳細から配送手続きを行います

注文が入ってメールが届いたら、セラーセントラルに移動し、注文管理から配送手続きを行いましょう。「注文管理」から「未出荷」の商品を選ぶと、発送されていない商品が表示されます。

2. 配送ラベルの購入で住所を入力します

配送ラベルの購入欄で、発送先の住所を入力してください。

3. 配送できるように梱包します

配送準備ができたら、商品を梱包していきます。配送中に商品が壊れないように慎重に梱包してください。エアーキャップ（プチプチ）や新聞紙、緩衝材を利用すると安心です。

4. クリックポストやスマートレターを使って発送手続きを行います

マーケットプレイス配送サービスの他にも、郵便局のクリックポストやスマートレターを使った発送手続きも可能です。運賃や配達スピードを比較し、最適な発送方法を選びましょう。

5. 出荷通知を送信します

注文管理画面から、出荷通知を送信します。出荷通知は、以下の内容を入力しましょう。出荷日、発送元、配送方法、配送業者、お問い合わせ番号。注文数が多い場合は、一括送信も可能です。出荷通知は、出荷予定日から**7**営業日以内、または出荷完了の**4**時間以内に送信してください。販売元が出荷通知を送信すると、購入者は注文ステータスを閲覧できるようになります。出荷後は、迅速な対応を心がけましょう。

商品の出荷をお知らせするメール例文

件名：【○○○（商品名）】発送いたしました
○○○○　様

ご利用いただきまして、誠にありがとうございます。
○○○○専門店です。
ご注文いただきました、下記「○○○（商品名）」ですが、本日発送いたしましたので連絡申し上げます。

ご注文商品．：○○○（商品名）

○○宅配便にて発送しまして、お問い合わせナンバーは「xxxxxxxxxx」となります。
配送がスムーズなら○月○○日にお宅へ到着予定となります。
商品が到着されましたら、中身をご確認いただきまして
何か不都合な点などございましたら、お手数ではございますが
ご連絡いただけますでしょうか。
何卒、よろしくお願いいたします。
○○○○専門店

新出単語：

劣化	「名词」	退化、劣化
補う	「动词」	填补、弥补
スピーディ	「形动」	快速的
緩衝材	「名词」	缓冲材料
プライムマーク	「名词」	Prime标记
出荷	「名词」	发货、出货
ラベル	「名词」	标签
スマートレター	「名词」	智能信件

四、練習

（一）次の漢字の読み方を平仮名で書きなさい。
船便　劣化　補う　緩衝材　出荷

（二）次の文を中国語に訳しなさい。
　　航空便の特徴は、配送時間の短さにあります。最短で1～4日程度で世界各国に配送可能です。配送業者の種類も多く、プランもたくさんあります。ただ、船便に比べると高いコストがかかるのがデメリットです。そのため、売上で輸送コストを補える高価な商品や、品質の劣化が早い商品に適した輸送手段といえます。

（三）以下の情報に基づいて、例文を参考にして、出荷通知を書いてみなさい。

注文者	注文商品	出荷日	配送方法	配送業者	お問い合わせ番号
吉田様	HUAWEI MateBook D16	2024年1月15日	航空便	中国郵便	086888888

五、知识加油站

海外仓

"仓配一体"是全球电商的趋势，目前跨境出口约40%的订单是从海外仓发货的，跨境通、纵腾等超级大卖已实现80%以上的订单从海外仓发货。亚马逊上有很多中国卖家使用FBA（Fulfilment by Amazon）发货，实际上FBA就是亚马逊为卖家提供的海外仓。随着品牌出海，也出现了很多头部的中国海外仓品牌，如：

1. 谷仓海外仓

谷仓海外仓隶属于纵腾集团，也是业内首家仓储面积破百万平的"独角兽"企业。完善的海外仓储物流网络布局、强大的仓储管理能力、极具竞争优势的本土派送共同组成了谷仓的核心竞争力。

2. 中邮海外仓

中邮海外仓是中国邮政速递物流股份有限公司开设的境外仓配一体化服务项目，服务内容包括国内集货、国际运输、目的国清关/仓储/配送，以及个性化增值服务等，是整合国际邮政渠道资源、专业运营团队和信息系统而推出的安全、稳定、高效的海外仓配产品。现已开办美国仓、澳大利亚仓、英国仓等，后期将陆续开办其他海外仓库。

第二課　FBA

一、ウォーミングアップ

（1）Amazonには、FBAという商品の注文から、発送までの効率を大幅に向上させるサービスが用意されています。FBAの特徴と利用方法を把握しなさい。

（2）自己発送とFBAの特徴及び利用方法を比べなさい。

二、本文

FBAとは、Amazonが「注文処理・配送・返品対応」を代行するプログラムのことです。出品者は商品をあらかじめAmazonの倉庫へ配送するだけで、あとはAmazonが代行します。

FBAの特長

（1）FBAを利用すれば、梱包から発送までの注文対応にかかる業務負担が軽減できます。FBAの登録を済ませたのち、梱包した商品に専用のラベルを貼り、フルフィルメントセンターという配送センターに納品します。そのあと、ユーザーから注文が入れば、配送センターから自動的に商品が発送されます。万が一、商品に不備があっても、返品と返金の手続きはすべてAmazonのカスタマーサービスが代行してくれます。最も時間をかけたいリサーチや商品の仕入れなどに時間を充てることが出来るようになります。

（2）発送面でほかの出品者より優位に立てます。自己発送の場合、注文の確認か

ら商品の到着までどうしても、数日かかります。しかし、FBAを利用すれば、「当日お急ぎ便」といったAmazonの機能を使って、より迅速に商品を届けるようになります。さらに、FBA 倉庫は24 時間365 日稼働しているため、注文から出荷までの流れが非常にスムーズであることから、お客様から非常に良い印象を持たれやすいです。つまり、必然的にお客様から 良い評価 を貰える確率も高くなりますので、この点も大きな特長と言えるでしょう。

（3）Amazonプライム対象商品になります。お急ぎ便、当日お急ぎ便など、Amazonプライム会員のお客様が無料で利用できる配送特典の対象となります。価格やレビュー数が同じくらいの場合、一般的には配送スピードが遅い商品より配送スピードが早い商品を購入したいですよね。このように、配送のスピードは購入における判断基準の1つです。FBA 発送で対策をすることで、お客様の満足度にもつながります。また、FBAは24 時間365 日稼働しているため、緊急の対応もいつでも可能です。

（4）Amazonブランドで出品できます。プライム会員の多くは、発送元がAmazonであることのチェックを行います。最終的に「Amazonが発送を行っているかどうか」を購入の判断軸とするのです。Amazonから発送されるという表記があるだけで、プライム会員だけでなく、お客様全体の信頼や安心感につながります。

（5）ショッピングカートの獲得可能です。Amazonでは、ショッピングカートを獲得すると、商品の購入率が飛躍的に向上できます。

🛒 FBAの注意点

1. 手数料が高いです

自己配送の手間がかかりません。非常に便利なFBAですが、費用もかかります。

FBAを利用する場合は販売手数料のほかに、配送代行手数料、在庫保管手数料、場合によっては、購入者返品手数料、商品所有権の放棄手数料、長期在庫保管手数料などの手数料がかかります。

2. 商品の現状確認が難しいです

商品をAmazon 専用倉庫に送ってしまうと、商品の状態を確認することができなくなります。デリケートな素材や特殊な条件での保管方法が必要な商品は避けた方が安全です。商品のコンディションに大きく左右されない商品がFBAに適しているでしょう。また、Amazon 専用倉庫から手元に戻すための返送手数料や、再度 FBA 納品する場合の送料は全て出品者負担となります。

🛒 FBAの料金体系

FBAを利用すると、配送代行手数料と在庫保管手数料の2 種類の費用がかかります。

（1）配送代行手数料：受注後のピッキングや梱包、購入者様への発送（cs対応を含む）に伴う注文に応じて、発生する費用。

（2）在庫保管手数料：商品を保管している期間（日数）と体積に応じて、発生する費用。

★上記以上の手数料が発生する場合もございます。

1. 配送代行手数料

Amazonが出品者の代わりに「出荷・梱包・配送」業務をするため、その分の費用がかかります。それが「配送代行手数料」で、商品の大きさ・重量・個数によってかかるお金も異なります。

商品区分は下記のように分類されます。

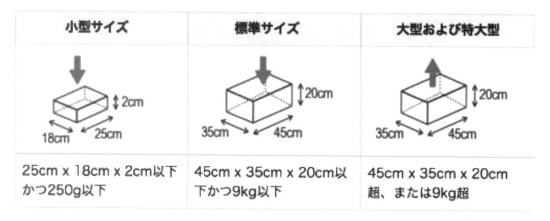

小型サイズ	標準サイズ	大型および特大型
25cm × 18cm × 2cm以下かつ250g以下	45cm × 35cm × 20cm以下かつ9kg以下	45cm × 35cm × 20cm超、または9kg超

※商品区分については、梱包を含めた商品の3辺のサイズすべてが基準を満たしている必要があります。例えば、商品のサイズが25cm×25cm×25cmの場合、商品の高さが20cmを超えているために、大型に分類されます。

下記Amazonが公開している「配送代行手数料」を引用するので、参考にしてください。

小型　標準1－標準4

| 商品 | 小型 | 標準 | | | |
		1	2	3	4
寸法 （個数当たり）	25cm×18cm×2cm未満	35cm×30cm×3.3cm未満	60cm未満 （3辺合計）	80cm未満 （3辺合計）	100cm未満 （3辺合計）
商品重量 （個数当たり）	250g未満	1kg未満	2kg未満	5kg未満	9kg未満

续表

商品	小型	標準			
		1	2	3	4
配送代行手数料（個数当たり）	288 円	318 円	434 円	514 円	603 円

大型 1—大型 8

商品	大型							
	1	2	3	4	5	6	7	8
寸法（個数当たり、3辺合計）	60cm 未満	80cm 未満	100cm 未満	120cm 未満	140cm 未満	160cm 未満	180cm 未満	200cm 未満
商品重量（個数当たり）	2kg 未満	5kg 未満	10kg 未満	15kg 未満	20kg 未満	25kg 未満	30kg 未満	40kg 未満
配送代行手数料（個数当たり）	589 円	712 円	815 円	975 円	1020 円	1100 円	1532 円	1756 円

特大型 1—特大型 4

商品	特大型			
	1	2	3	4
寸法（個数当たり、3辺合計）	200cm 未満	220cm 未満	240cm 未満	260cm 未満
商品重量（個数当たり）	50kg 未満			
配送代行手数料（個数当たり）	2755 円	3573 円	4496 円	5625 円

そのために、必ず配送代行手数料を確認し、その上で販売価格を決めましょう。

※サイズ（個数当たり）が260cm以上、または重量が50kgを超える商品はFBAをご利用いただけません。

2. 在庫保管手数料

Amazonの倉庫へ商品を保管・管理する手数料です。こちらは商品サイズ、保管日数と商品の種類で計算されます。商品サイズは体積で、保管日数は「Amazon倉庫に商品保管した日」から「購入者へ商品を出荷した」までの日数です。

(1) 服、ファッション小物、シューズ、バッグの場合。

	期間	すべてのサイズ
在庫保管手数料	1月〜9月	3.10円 x[商品サイズ（cm³）]/（10cm x 10cm x 10cm） x [保管日数]/[当月の日数]
	10月〜12月	5.50円 x[商品サイズ（cm³）]/（10cm x 10cm x 10cm） x [保管日数]/[当月の日数]

(2) ほかの商品の場合。

	期間	小型/標準サイズ	大型サイズ/特大サイズ
在庫保管手数料	1月〜9月	5.160円 x[商品サイズ（cm³）]/（10cm x 10cm x 10cm） x [保管日数]/[当月の日数]	4.370円 x[商品サイズ（cm³）]/（10cm x 10cm x 10cm） x [保管日数]/[当月の日数]
	10月〜12月	9.170円 x[商品サイズ（cm³）]/（10cm x 10cm x 10cm） x [保管日数]/[当月の日数]	7.760円 x[商品サイズ（cm³）]/（10cm x 10cm x 10cm） x [保管日数]/[当月の日数]

在庫保管手数料計算例：3辺が6.5cm×6.5cm×19.5cmの辞書を1月に15日間預けた場合の在庫保管手数料：

5.16円×｛(6.5cm×6.5cm×19.5cm)÷(10cm×10cm×10cm)｝×｛15日÷31日｝＝2.06円（四捨五入）

※在庫保管手数料は期間によって変わります。在庫保管手数料は「1〜9月」「10〜12月」で料金体系が変わり、「10月〜12月」の方がコストは高くなる傾向にあります。

※システムの更新と共に料金体系が変わることもあるので、在庫保管手数料は定期的にチェックする必要があります。知らない間に手数料が増えてしまうケースもあるため、必ずチェックするようにしましょう。

※365日以上保管されている在庫に対して、長期在庫保管手数料がかかる可能性があります。

※上記FBA手数料以外に、出品者様からFCへの納品に伴う配送費用（配送者様へお支払いいただく費用）が発生します。

※かなり複雑なので、FBA料金ミシュレーターを使用することをオススメします。FBA手数料の計算には、FBA手数料シミュレーター
https：//sellercentral.amazon.co.jp/fba/revenuecalculator/index？lang＝ja＿JP）が便利です。

三、スキルアップ

FBAの操作画面

1. FBA 在庫管理

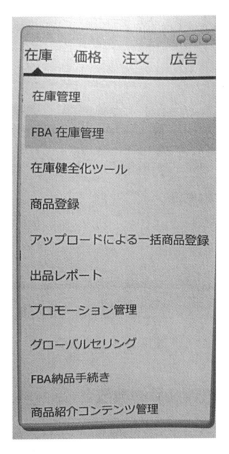

「FBA在庫管理」は主に自己発送からFBAへの切り替えたり、配送センターに納品した商品の在庫を補充したりするための画面です。

2. 納品プランの管理

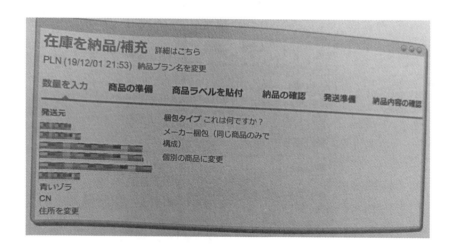

「FBA納品手続き」の「納品プランの管理」画面では、商品ごとに作成された納品プランで、配送センターへの納品状況を確認できます。

3. FBAの設定

4. セラーセントラル右上の「設定」をクリックして、「FBAの設定」をクリックして、表示されます

FBAの流れ：
（1）商品のリサーチを行います。
（2）商品の仕入れを行います。
（3）仕入れた商品の検品を実施します。
（4）Amazonの出品ページに商品登録を行います。

（5）商品ラベルを印刷し、貼り付けを行います。

（6）FBA納品に必要な配送ラベルを印刷し、梱包後の段ボールに貼り付けを行います。

（7）FBA倉庫に納品を行います（運送会社に集荷もしくは持ち込みで発送します）。

（8）売れた商品を梱包・発送します。

（9）配送や返品に関する各種問い合わせて、対応します。

（10）実際の返品受付対応します。（8）から（10）までの部分はAmazonで代行してもらいます。

新出単語：

プログラム	「名词」	节目、程序
ラベル	「名词」	标签
カスタマーサービス	「名词」	客户服务
デリケート	「名词」	纤细的、敏感的
シミュレーター	「名词」	模拟训练装置

四、練習

（一）次の漢字の読み方を平仮名で書きなさい。

迅速　判断軸　飛躍的　返品　放棄　返送　充てる

（二）次の文を中国語に訳しなさい。

FBAを利用すれば、梱包から発送までの注文対応にかかる業務負担が軽減できます。FBAの登録を済ませたのち、梱包した商品に専用のラベルを貼り、フルフィルメントセンターという配送センターに納品します。そのあと、ユーザーから注文が入れば、配送センターから自動的に商品が発送されます。万が一、商品に不備があっても、返品と返金の手続きはすべてAmazonのカスタマーサービスが代行してくれます。最も時間をかけたいリサーチや商品の仕入れなどに時間を充てることが出来るようになります。

五、知识加油站

Amazon 库存存储方式

在将商品发送到FBA之前，卖方必须做出一个重要的决定——混合还是不混合。

混合（无贴纸）库存选项：混合是在存储和销售标准化商品时不对其进行标记。亚马逊实现混合意味着将来自亚马逊本身、各种第三方卖家以及直接来自品牌的具有相同制造商 ID 的产品混合在一起。混合可以为选择使用亚马逊物流的卖家节省时间和金钱。混合库存可以使卖方和客户都受益，因为它可以确保快速交付给全国各地的客户。

非混合（粘贴）库存选项：非混合是在存储和销售标准化商品时对其进行标记。意味着将来自亚马逊本身、各种第三方卖家以及直接来自品牌的具有相同制造商 ID 的产品独立标记。如果对自己的履行能力和库存的成本效率充满信心，可以选择非混合。

第七章
アフターサービス

知识目标
掌握售后退换货服务、售后咨询服务、售后保障服务、及时解决问题和投诉、售后跟踪及售后维护的基本知识。

能力目标
能够处理售后相关问题，确保问题得到解决；能够撰写售后服务相关的日语文书。

素质目标
强化服务意识，确立服务理念，改进服务态度，提高售后服务水平，提高消费者满意度。

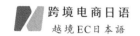

第一課　注文キャンセルの対応

一、ウォーミングアップ

（1）注文がキャンセルされたら、どうすればいいですか。
（2）クレームをつけられた場合、どうすればいいですか。

二、本文

アフターサービスの業務は、信頼を構築し、リピーターを獲得するために欠かせない業務と言えます。アフターサービスの内容や質が、顧客の信頼度を左右することから、その重要度は極めて高いと言えるだろう。商品が購入されても、注文がキャンセルされることがよくあります。

注文キャンセルの対応

商品の注文がユーザーにキャンセルされると、その旨が記載されたキャンセルリクエストがセラーセントラルの「メッセージ」と出品者のAmazonアカウントのメールアドレスあてに送信されます。商品がまだ未発送だった場合、できるだけ早く「注文管理」からキャンセル処理をしなければなりません。でも、商品をすでに発送した場合やAmazonギフト券のポイントで購入された場合や発送が完了していなくても、ユーザーの注文後30分が経過し、すでに出荷通知をAmazonに発送した場合などはキャンセル処理を行えません。

商品のキャンセルというと、お客様都合のケースが多いのが一般的ですが、受注者側に問題があることも考えられます。キャンセルした理由に応じて文面を丁寧にまとめることが大切です。書き方を間違えると、今後の取引に悪影響をもたらすため注意しなくてはなりません。

注文取消しへの返信例文

例文一：

○○　○○　様
いつもご利用いただきありがとうございます。
△△の△△と申します。
○月○日付のメールにて下記商品の注文取消しの件、確かに承りました。
・商品名：○○○○
・数量：○個
発送前ですので、キャンセルの手続きが完了したことをご報告致します。
今後ともご愛顧いただきますよう、何卒宜しくお願い申し上げます。
=====================
署名
=====================

例文二：

○○　○○　様
いつもご利用いただきありがとうございます。
　この度はキャンセルのご連絡、確かに承りました。差支えない範囲内で、至らなかった点をご教示頂けませんか。
　弊社は下記のような商品をお客様へお届けるよう保証しております。
　（1）商品はすべて品質保証できて、3年の保証期間がついています。
　（2）カスタマーサービスが充実しており、何か質問があったら、専門のスタッフが24時間以内にお答えします。
　（3）配送期間については、普通3―6日以内にお届けいたします。この商品は在庫がございますので、すぐに発送できます。
　（4）本日ご注文のお客様には特別なプレゼントをお送りいたしております。
　ご注文の取消しをご再考頂ければ幸いです。なお、ご注文の取り消しをキャンセルされた場合は、商品を発送次第、追跡番号をご提供致します。
　ご迷惑をおかけして申し訳ありませんが、今後ともよろしくお願いいたします。

例文三：

○○　○○　様

平素より大変お世話になっております。

株式会社△△の△△でございます。

○月○日付のメールにてご連絡いただいた、伝票 No. ○○○○に関しまして、キャンセルのお手続きを完了致しましたのでご報告申し上げます。

製造工程の遅れにより、ご迷惑をおかけしてしまい、誠に申し訳ありません。

当初ご指定いただいた納入予定日に間に合わないこと、心よりお詫び申し上げます。

今後はこのようなことのないように頑張りますので、引き続き何卒宜しくお願い申し上げます。

三、スキルアップ

注文がキャンセルされた場合の対応

（1）セラーセントラルの「注文」タブにマウスカーソルを合わせて、「注文管理」をクリックします。

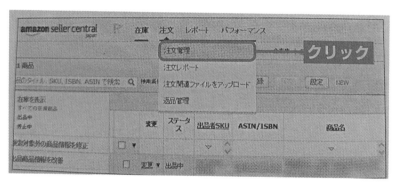

（2）「注文管理」画面が表示されるので、注文がキャンセルされた右側にある「注文キャンセル」をクリックします。

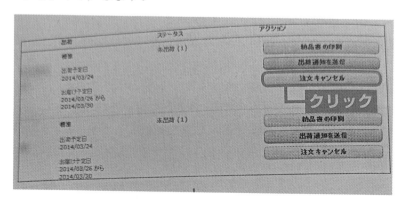

（3）キャンセル理由で購入者都合のキャンセルか在庫切れかそのほかの理由か価格設定の誤りか発送先住所に配送不可か購入者からの交換依頼かの中から一つ理由を選んで、「送信」をクリックします、この後、Amazonからユーザーへ注文キャンセル受理のメールが自動的に発送されます。

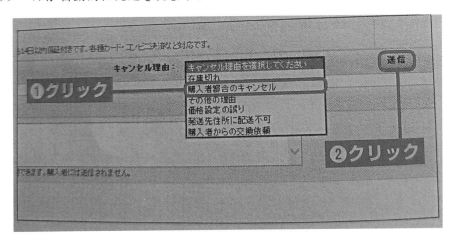

新出単語：

アフターサービス	「名詞」	售后服务
リピーター	「动词」	重复做同一行为的人，惯犯
キャンセルリクエスト	「名詞」	取消请求
ギフト券	「名詞」	礼券
追跡番号	「名詞」	单号

四、練習

（一）次の漢字の読み方を平仮名で書きなさい。

取引　教示　再考　追跡番号　伝票

（二）次の文を中国語に訳しなさい。

でも、商品をすでに発送した場合やAmazonギフト券のポイントで購入された場合や発送が完了しいてなくても、ユーザーの注文後 30 分が経過し、すでに出荷通知をAmazonに発送した場合などはキャンセル処理を行えません。

（三）以下の情報に基づいて、注文取消しへの返信の文を書きなさい。

購入者	注文商品	キャンセル理由
吉田中	HUAWEI MATE BOOK D16 SE	配送情報を間違えた

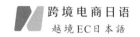

五、知识加油站

亚马逊新政

亚马逊发布通知称，2022年5月10日起，将变更自配送订单的"买家取消请求"的管理流程。一般来说，海外买家取消订单有两种情况：（1）在下单后的30分钟内，通过"我的账户"→"我的订单"→"取消商品"，便可以自行取消订单；（2）在下单时间超过30分钟后，当买家想申请取消订单时，只有卖家同意请求后才能取消相应订单。针对第二种情况的买家取消订单请求，管理流程将有所变化。根据买家发起取消订单的方式与流程不同，分为正式取消流程与非正式取消流程两种。正式取消流程：买家请求取消订单的标准流程是，在亚马逊账户中找到想要取消的订单，也就是买家通过"我的账户"→"我的订单"→"请求取消"的流程来取消订单。需要注意的是，如果已发货或确认发货，卖家可以告诉客户订单已在运送途中，请客户通过退货来获得退款。非正式取消流程，指的是客户通过"买家与卖家消息服务"工具请求取消订单。

第二課　ほかの状況の対応

一、ウォーミングアップ

（1）お客様から商品の返品依頼があった時には、どのような対応が必要なのでしょうか。

（2）クレームが届いたら、どうしますか。

二、本文

ほかのアフターサービスの種類と対応

1. 返品返金

ECサイトの場合は実店舗と違い、商品が届けられたときに「思っていた物と違う」というケースがどうしても起きます。

Amazonでは様々な事情によって、ユーザーから返品返金を依頼されることがよくあります。

1）返品理由

返品理由は大きく分けてユーザー都合の返品とトラブル、不具合による返品の2種類があります。

（1）ユーザー都合の返品：間違えて購入した、購入した後で必要なくなったなどのユーザー都合の場合でも返品は可能です。ただし、開封状態によって返金額が変わります。返金を依頼されたときは、全額返金か一部返金のどちらを決めなければなりません。未使用かつ未開封の場合は商品代金（税込）を全額返金します、開封済みで、ユーザーの都合で返品する場合は最大商品代金（税込）の50％を返金します。

（2）トラブルや不具合による返品：注文したものと違う商品が届いた、破損していたなどの販売者側のミスによる返品ももちろん可能です。［商品代金（税込）、配送料・手数料およびギフトラッピング料を全額返金または同一商品と交換］

Amazonでは、規約により、商品が到着後30日以内に商品を返品する必要があります。もし30日間の期限を過ぎると返金額が20％減額されるので、返品はなるべく迅速に行うように心がけましょう。

2）返品できない商品

全ての商品を返品できるわけではありません。以下の消耗品はユーザー都合で返品することはできません。雑誌、食品、飲料、お酒、ペット用品、ビューティー用品等。

また、以下のようなデジタルコンテンツや換金性のある商品はいかなる理由でも返品できません。デジタルミュージック、ゲーム、pcソフトダウンロード商品、Amazonギフト券、Androidアプリストアから購入した商品。

3）返品から返金までの流れ

まずは、ユーザーから出品者のAmazonアカウントに返品リクエストが届きます。

承認すると、Amazonからユーザーに返送用のラベルが送信されます。

商品が返品されます（送料はユーザー負担になります）

返金処理を行います

返品依頼に返事する例文

例文一：

○○○○様
お世話になっております。
○○ネットショップ名○○の○○と申します。
先日は当店でのご注文ありがとうございました。
ご注文いただきました商品について返品をご希望とのことを確認させていただきました。
今回のケースですとお客様都合の返品となりますため、商品の発送時の送料、および返品時の送料をご負担いただく必要がございます。
大変恐れ入りますが、以下の送料のご負担についてご了承いただける場合のみ返品可能となりますので、今一度ご確認の上、返品されるかどうかのお返事をいただけますと幸いです。
【送料ご負担額】
600円×2＝1200円（税込）
※出荷時の送料と返品時の送料
送料のご負担にご了承いただける場合は、送料のみをご利用いただいておりますクレジットカードに請求させていただきます。
また当店より配送会社に商品の引き取りを依頼させていただきますので、商品の引き取り対応を希望される日時をご連絡下さいませ。
お手数ですが、これらのご確認をしていただき、ご返信をお願いいたします
以上、何卒ご協力のほどよろしくお願い申し上げます。
【ネットショップの署名】
【ネットショップの名前】○○
ショップURL：http：//○○○.com
店舗連絡先：○○○@○○○.com
運営会社：株式会社△△
住所：〒830083
中国湖北省武漢市ハイテク開発区321
TEL：027-1234-5678/FAX：027-1234-5678
営業時間：平日○○時～○○時まで

例文二：

○○○○様

いつもご利用ありがとうございます。
○○ネットショップ名の○○と申します。
この度は誠に申し訳ございません。
お客様へより良いサービスをご提供させていただくために、返品リクエストの理由を教えいただけませんか。
また、お手数ですが、受け取られた商品の写真を提供して頂くことはできますでしょうか。
当社で確認のあと、すぐに対処いたします。
以上、よろしくお願いいたします。

例文三：

○○○○様
お世話になっております。
○○ネットショップ名○○の○○と申します。
先日は当店でのご注文ありがとうございました。
ご注文いただきました商品について返品をご希望とのこと承知いたしました。
この度は当店の不手際で返品となります事、誠にご迷惑をおかけしております。誠に申し訳ございませんでした。
大変恐れ入りますが、商品の返品の手続きを実施させていただきたいと思います。
つきましては、当店の指定の配送会社より、商品の引き取りを実施させていただきたいと思います。
お手数をお掛けして申し訳ございませんが、商品の引き取り対応が可能な日時をこのメールへの返信で結構ですのでご指示下さいますようお願い申し上げます。
商品が当店に返送完了いたしましたら、ご注文をキャンセルとさせていただきます。
ご利用いただいておりますクレジットカードの与信もキャンセル時に解除されますのでご安心下さいませ。
お手数をおかけしまして申し訳ございませんが、何卒ご協力のほどよろしくお願い申し上げます。
【ネットショップの署名】
【ネットショップの名前】○○
ショップURL：http：//○○○.com
店舗連絡先：○○○@○○○.com
運営会社：株式会社△△
住所：〒830083　中国湖北省武漢市ハイテク開発区321
TEL：027-1234-5678/FAX：027-1234-5678
営業時間：平日○○時～○○時まで

2. クレーム対応

アフターサービスの中で最も重要なのが「クレーム対応」だ。顧客の声に真摯に向き合い、迅速で丁寧な対応を心がければ、自社サイトのファンも増えるだろう。顧客との取引完了後に行うアフターサービスは、リピーターの獲得につながる大切な業務でもあるため、既存顧客の満足度を向上させるためにも、対応強化に努めましょう。

3. 保証修理

購入後の「保証」や「修理」を充実させることも検討すべきです。昨今、環境問題やライフスタイルの変化から、良い物を長く使いたいと考えている顧客も少なくないです。そのため、商品の保証期間を延長して顧客へのアフターサービスの充実を図れるようなサービスを活用するのもひとつの方法だ。

三、スキルアップ

返品条件を設定する

Amazonでは、出品者が返品の手順や条件を自分で設定することができます。

（1）セラーセントラル右上の「設定」にマウスカーソルを合わせて、「返品設定」をクリックします。

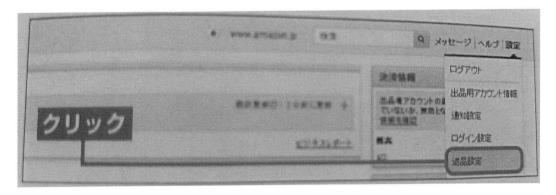

（2）「この住所と電話番号を使用する」をクリックして、住所の内容を確認して「送信」をクリックします。新しい住所を設定する場合は、「新しい住所と電話番号を入力してください」をクリックします。設定が完成できたら、手順1を再度繰り返します。

（3）「返品リクエストの設定」画面が表示されます。「返品リクエストの承認メール」や「ラベルの種類」などを設定して、返品条件や手順を入力した後、「設定を保存」をクリックして、完成です。

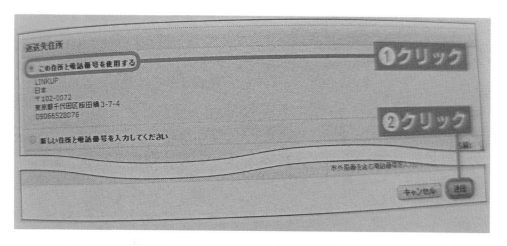

新出単語：

破損	「名詞」	破损
デジタルコンテンツ	「名詞」	数码相关
換金性	「名詞」	变现
ダウンロード	「名詞」	下载

四、練習

（一）次の中国語を日本語に訳しなさい。

1. 支付运费

2. 卖家反馈评分

3. 差评

_____

4. 退货通知电子邮件

_____

5. 下错订单

_____

6. 买家优惠

_____

7. 退款不退货政策

_____

8. 承担退货费用

_____

9. 不再需要物品

_____

10. 要求退货

_____

（二）左側の返品理由の中国意味を右側から選びなさい。

1. 間違った商品を注文しました	a. 商品存在瑕疵
2. より良い価格を見つけました	b. 和网站上的描述不一致
3. 理由はありません	c. 买错了
4. 説明と一致しません	d. 发现了更优惠的价格
5. 配達予定日を過ぎた	e. 商品运送时间过长
6. 欠陥	f. 无理由

五、知识加油站

亚马逊退货的费用

2024年6月1日起，亚马逊针对所有分类（服装和鞋靴除外）的高退货率商品收取退货处理费。该费用仅适用于退货率超过每个分类特定阈值的商品。

什么是高退货率商品？

商品的退货率是指当月售出的商品在当月及随后两个日历月退回的部分，占当月售出的商品数量的百分比。

例如，6月的退货率是6月售出的商品在6、7、8月期间退回的部分，占6月售出商品百分比。

当月退货率 = 当月售出的商品在当月及随后2个日历月退回的数量 / 当月售出的商品数量

高退货率商品就是超过退货率阈值（适用于服装和鞋类之外的所有商品）的商品，只有当您的商品退货率超过阈值时才会被收取退货处理费。

各类别商品退货率阈值

类别	退货率阈值（2024年6月1日生效）
亚马逊设备配件	11.3%
汽车和机动车	9.1%
婴儿用品	9.3%
背包、手提包和行李	12.8%
基础设备电动工具	7.1%
美容、健康和个人护理	5.5%
商业、工业和科学用品	6.0%
家居和厨房	8.1%
珠宝	10.8%
草坪和花园相关物品	7.7%
割草机和扫雪机	9.5%
床垫	9.3%
媒体-图书、DVD、音乐软件、视频	5.1%
乐器和视听制作	9.2%
办公用品	4.4%
宠物用品	10.2%
运动和户外	8.7%
轮胎	8.7%
工具和家居装修	8.7%
玩具和游戏	4.7%
电子游戏机	10.7%
视频游戏和游戏配件	6.5%
手表	12.0%

退货处理费示例

卖家小王在 6 月份卖出 1000 件宠物用品。在接下来的 6 月、7 月和 8 月中，有 120 件已退回。此示例商品类别的退货阈值为 10.2%。因此，在发货月份及随后的两个月内，如果退货超过 102 件（已配送 1000 件商品的 10.2%），则需支付退货处理费。在本例中，退回了 120 件商品，因此将收取 18 件商品的退货处理费。该费用将在 9 月 7 日至 15 日之间收取。

退货处理费标准

产品类型	重量区间	退货处理费（美元）
小标准尺寸	0～4 盎司	$1.78
	4～8 盎司	$1.84
	8～12 盎司	$2.02
	12～16 盎司	$2.21
大标准尺寸	0～4 盎司	$2.36
	4～8 盎司	$2.70
	8～12 盎司	$3.05
	12～16 盎司	$3.39
	1～1.25 磅	$3.70
	1.25～1.5 磅	$4.01
	1.5～1.75 磅	$4.32
	1.75～2 磅	$4.63
	2～2.25 磅	$4.66
	2.25～2.5 磅	$4.68
	2.5～2.75 磅	$4.71
	2.75～3 磅	$4.73
	3～20 磅	$3.89＋每超过 0.5 磅收取 $0.10
大型笨重物品	0～50 磅	$6.74＋每超过 1 磅收取 $0.32
特大物品	0～50 磅	$26.33＋每超过 1 磅收取 $0.38

※以下情况豁免收取退货处理费。

（1）您的商品（子 ASIN）每月 FBA 配送的数量少于 25 件，则该商品的退货处理费可豁免。

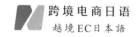

（2）如果您注册了亚马逊物流新品入仓优惠计划，对于每个符合要求的父ASIN，亚马逊将免除最多20件商品的退货处理费。退货商品必须在首件库存接收之日后的180天内送达亚马逊运营中心。

※对于服装和鞋靴类商品，亚马逊会对买家退回的每件商品收取退货处理费。亚马逊不会设置任何阈值，并且会在退货时收取相应费用。

正文翻译

第一章 概要

第一课 日本跨境电商概况

一、什么是"EC"?

"EC"是通过互联网等网络进行网上交易和结算的商业模式,是互联网上买卖商品的总称。"EC"中的"E"是单词electronic的省略,EC中的"C"代表是单词commerce的省略,"EC"也就是"电子商务"。

"EC"原本是网站标题中使用的行业术语关键词,但有时,它被称为"网上商店"或"网上购物",正式的说法是"电子商务"。

EC的内容大致可分为三类。企业间的交易称为B2B,企业(如网上商店)与消费者之间的交易称为B2C,消费者之间的交易(如线上拍卖)称为C2C。我们通常所说的EC,指的是B2C。

二、日本电商市场规模

根据日本经济产业省[①]商务信息政策局信息经济科2023年发布的《2022年电子商务市场调查报告》显示,日本电子商务市场规模,即便只是计算B2C(含产品销售领域B2C、服务领域B2C、数字领域B2C),2021年为20.690万亿日元,2022年为22.7449万亿日元。2022年与2021年相比,增加了2.0499万亿日元。自2013年日本B2C市场规模的变化如下:

---

① 日本经济产业省,类似于中国的国土资源部和商务部。前身是通商产业省,主要职责是提高民间经济活力、使对外经济关系顺利发展、确保经济与产业的持续发展,以及确保矿物资源及能源的稳定供应和效率。

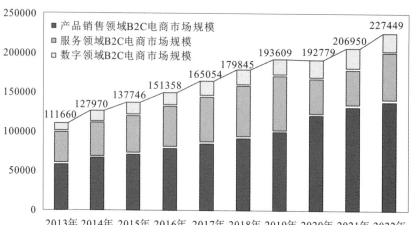

2013 年—2022 年日本 B2C 电商市场规模（单位：亿日元）

2022 年产品销售领域 B2C 电商市场规模在 2021 年的 13.2865 万亿日元的基础上增加了 7132 亿日元，达到 13.9997 万亿日元，增长率为 5.37%。2022 年 EC 化率①为 9.13%，比 2021 年上升了 0.35 个百分点。

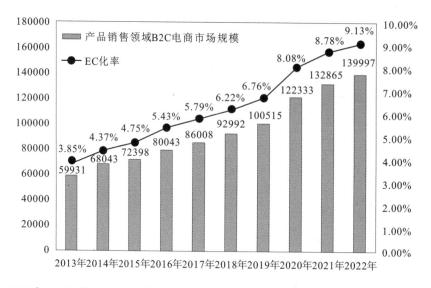

2013 年—2022 年日本产品销售领域 B2C 电商市场规模及 EC 化率（单位：亿日元）

服务领域 B2C 市场规模，2022 年为 6.1477 万亿日元，较 2021 年的 4.6424 万亿日元增加了 1.5053 万亿日元，增长 32.43%，涨幅明显。数字领域 B2C 市场规模自 2021 年的 2.7661 万亿日元减少了 1687 亿日元，为 2.5974 万亿日元，减少率为 6.10%。

---

① EC 化率：日本经济产业省将电子商务市场规模占总贸易金额的比例定义为 EC 化率。

2013 年—2022 年日本服务领域 B2C 和数字领域 B2C 电商市场规模（单位：亿日元）

根据同上经济产业省报告，日本的电子商务市场多年来一直保持世界第四。最大的市场规模是中国和美国，2022 年中国 EC 市场规模为 2.8790 万亿美元，美国为 1.0328 万亿美元。排名第一的中国领先于排名第二的美国两倍多。中国和美国的 EC 市场规模是巨大的，仅这两个国家就占全球市场 70％以上的份额。英国排在第三位，韩国排在第五位，德国排在第六位。

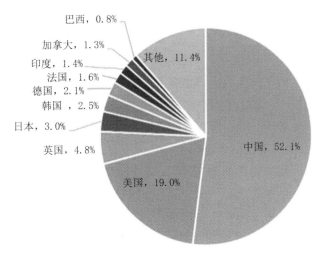

2022 年各国电商市场份额（单位:%)

三、日本跨境电商市场规模

跨境电子商务，是指不同关境的交易主体，将原本在国内进行的电商活动拓展至海外，通过电子商务平台交易的一种商业活动。

根据经济产业省 2023 年 8 月发布的报告显示，日本跨境电子商务市场正在急速扩大。2022 年，日本的跨境 B2C 电商（经由美国、中国市场）购买额为 3954 亿日元，其中，美国购入 3561 亿日元，中国购入 392 亿日元。

世界跨境电商市场，中国和美国分别位列第一位和第二位。针对中国、美国和日本跨境电商，2023年，日本经济产业省发表了名为"日本、美国、中国三国间跨境电商市场规模"的报告。

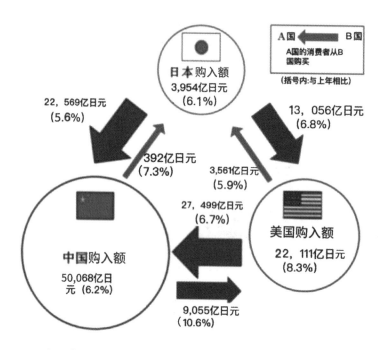

2022年日本、美国、中国三国间跨境电商市场规模（单位：亿日元）

由上表可知，中日两国跨境电商市场需求巨大。跨境电商具有极大的发展前景。

跨境电商市场规模不断扩大有以下几个原因：首先，从跨境电子商务消费者的角度来看，有跨境电商认知度的上升、购买自己居住的国家/地区没有的产品的购物欲望、能够以比自己所在国家/地区更低的价格购买产品，以及由于智能手机的普及引起的互联网使用率的增加等原因。从经营者的角度来看，有试图将目标客户群体从本国扩展到全世界的企业家拼搏精神，以及物流水平的发展等原因。

在新冠病毒、全球"居家消费"生活方式背景下，网上购物习惯已经在全球范围内扎根。日本公司越来越熟悉跨境电商业务。此外，日本由于出生率下降和人口老龄化，国内市场将不断萎缩，越来越多的日本公司将目光转向海外市场。因此，跨境电商就成为他们发展的必然选择。

2023年跨境电商市场持续稳步增长，2024年市场规模也在进一步扩大。最新动态显示，全球消费者之间的交易越来越频繁，各国电商平台也在加强应对。随着新兴市场的扩大和技术进步，预计2024年以后，跨境电商市场规模还将持续快速发展。活用跨境电商，扩大您的商务规模吧。

第二课　日本跨境电商网站概况

日本有三个主要的跨境电子商务平台，分别是亚马逊日本（Amazon.co.jp）、雅虎购物（Yahoo.co.jp）和乐天市场（Rakuten.co.jp）。

三大跨境电子商务平台排名和访问量对比如下表（数据来源：2022年8月日本数字技术股份有限公司）。

1. 世界排名

跨境电子商务平台	世界排名
Amazon.co.jp	39
Yahoo.co.jp	298
Rakuten.co.jp	45

2. 日本国内排名

跨境电子商务平台	日本国内排名
Amazon.co.jp	1
Yahoo.co.jp	3
Rakuten.co.jp	2

3. 流量

跨境电子商务平台	访问量
Amazon.co.jp	1705B
Yahoo.co.jp	327.3M
Rakuten.co.jp	1.588B

2022年，日本国内电商平台营业额：亚马逊为3.1958万亿日元；乐天市场为1.0859万亿日元；雅虎购物为1.7547万亿日元（含雅虎购物新收购的日本最大的时尚电商平台ZOZO营业额）。但是，未来市场份额会根据各电商平台服务水平发生变化。

一、Amazon.co.jp

根据日本月刊《网络销售》的"网络销售白皮书"显示，2022年日本开展网络销售的前300家公司的总销售额为7.7888万亿日元，比上一年的7.0144万亿日元增长了

11%。排名第一的依然是亚马逊日本，它已经连续两年位居榜首，远远领先于第二名。与 2021 年的 2.1893 万亿日元相比，2022 年为 2.5378 万亿日元，增长了约 16%。

亚马逊日本的母公司是一家名为 Amazon.com 的美国购物网站。Amazon.com 最初是创始人杰夫·贝佐斯（Jeff Bezos）位于美国华盛顿州贝尔维尤（Bellevue）的自家车库中的一家在线书店。如今，亚马逊的业务遍及 13 个国家/地区，从物流仓储管理 FBA 到零售店和大型总部，亚马逊的业务现已享誉全球。日本以 Amazon.co.jp 平台提供服务，业务类型广泛。

2022 年，亚马逊日本积极致力创新，例如试穿服务"会员先试后买"服务升级，并与运营 Cosme 的 istyle 合作。在日本新建 18 个新的配送站点、追求稳定配送机制和速度、保护知识产权等服务和工具。

亚马逊日本的优势在于，构建了自己的 FBA 物流体系（从入库到配送），配送速度快，这是其他购物网站无可比拟的优势。此外，亚马逊日本还可以销售二手商品，很多用户认为亚马逊日本商品品类比其他平台要齐全。

亚马逊日本最大的特点是它采购的商品和卖家自身销售的商品在同一页面进行销售，不会根据销售方式区分运营网站，因此，访问用户不会被分散。您销售的商品更有可能让更多用户看到，这将增加您的销售机会。对于在线销售来说，这是非常重要的一点，因为页面浏览量通常对销售额有重大影响。

二、Yahoo.co.jp

2023 年，日本的互联网普及率达 77.5%，日本最大的门户网站 Yahoo.co.jp 本土网购用户占日本总人口的 50% 以上。雅虎购物首页访问量非常大，据说每天的页面浏览量超过 10 亿次。这是由于居家消费和居家办公的推动影响，今后网购需求也将不断增长。

雅虎购物最大的特点是"搜索引擎引流"。雅虎购物是日本最大的电商平台，产品种类繁多。包含流行时尚用品、家用电器、日用品和礼品等。

雅虎购物 2013 年发起"电商革命"，免收开店费和月使用费，2019 年门店数量突破 87 万家。

此外，2019 年 5 月，雅虎购物和日本软银公司合作，成为日本软银子公司，导入 paypay 支付功能。此前雅虎购物的主要客户群体为 30~40 岁人群，一导入 paypay 支付，年轻客户群剧增，规模不断扩大，是一个非常有前途的电商平台。但中国卖家无法在雅虎购物开店。

三、Rakuten.co.jp

自 1997 年成立以来，乐天致力于"授权"，推出了一系列服务于当地各界和中小企业店主的措施，旨在提高客户的消费体验。截至 2022 年 9 月，乐天共有店铺约 56000 家，是一个大型电商平台。

2019 年，乐天成立了一个名为"客户创新工作室"的新部门，开展国际品牌策略；

作为大型制造商的合作伙伴，与家庭生活消费品、家电类别的顶级制造商合作，创造了各种成功案例。例如，针对育儿人群和宠物主推出一系列多视角的强化措施，使其获得了大批客户。

该网站一般每购买 100 日元可积 1 分，乐天积分可以在乐天购物网站上获取，乐天旅游、乐天银行、乐天卡等乐天集团内部通用积分制度，这让消费者很容易提高积分。乐天 Edy 支付也可以返积分，"乐天超级积分系统"促使乐天用户具有极强黏性。

（一）乐天市场的三类店铺

乐天市场与其他购物中心的不同之处在于它会产生初期费用。乐天开店计划分为三类：小型店铺、标准店铺和大型店铺。

店铺类型	小型店铺	标准店铺	大型店铺
月租	19500 日元	50000 日元	100000 日元
销售手续费	3.5%—7%	2.0%—4.5%	2.0%—4.5%
初期费用	60000 日元	60000 日元	60000 日元
上传商品数	5000	20000	无限制
图像大小	500MB 以内	5GB 以内	无限制

小型店铺计划的固定成本较低，但可变成本较高。因此，这是一个推荐给初次开店人群的开店计划。

标准店铺和大型店铺计划的选择，要根据销售商品的数量和图像大小来决定。

（二）乐天市场的独特机制

1. 店铺整体设计风格

有多个广告菜单、分类的年度 MD 日历。

2. 优惠活动

有各种活动，如乐天品牌日、乐天超级促销、购物马拉松、乐天积分等。乐天品牌日的举办频率低于购物马拉松和超级促销。

乐天品牌日是每年只举行几次的特别活动，它是为数不多的能以划算的价格，买到平常买不起的品牌商品的机会，来自乐天市场的知名品牌聚集在一起销售限定商品，准备各种优惠。

它每年举行几次，以往一般在 5 月和 10 月举行，但最近几年在 1 月、4 月、7 月和 10 月举行。

3. 乐天品牌日的特点

1）大折扣

通常不打折的知名品牌产品，在乐天品牌日提供极大优惠。

2）经常发布流行品牌的新品

很多知名品牌都会参加乐天品牌日活动，在乐天品牌日发售新品。在这期间，消费者有机会购买到新品。

3）每个品牌会有专项活动

在乐天品牌日，根据不同店铺品牌，会举办不同的特别活动。例如，有捆绑套装和限量商品的销售，以及返积分活动。

4）主要销售乐天市场商品中的人气商品

在乐天品牌日，乐天市场主要销售人气商品，这是消费者用很划算的价格购买到人气商品的一个机会。

商家配合活动销售商品非常重要。

第二章　账户注册

第一课　个人销售计划

如果您在网上销售，最常见的销售地点是亚马逊，这是全球最大的跨境电商平台。任何人都可以轻松地在亚马逊上销售商品。但是，要想在亚马逊平台销售，您需要注册一个卖家账户。

一、创建亚马逊卖家账户所需的文件

1. 身份证明

身份证明是政府机构签发的并附有照片的有效期内的"身份证"或"护照"。文件需要提交的页面如下：

（1）护照：带有脸部照片和签名的页面。

（2）身份证正反面。

2. 交易证书

交易证书必须在过去 180 天内签发。选择以下选项之一：信用卡对账单、银行存折或网上银行对账单。

3. 电子邮件地址

当您注册账户时或发布商品后，亚马逊会与您联系，因此需要您的邮箱。邮箱可以是免费的，例如"Yahoo Mail"。如果您使用私人邮箱，您可能会错过重要的电子邮件并且难以管理，因此尽可能准备一个专门的卖家邮箱。

4. 电话号码

亚马逊会在您注册时向您发送验证码，如果您没有可以接收验证码的电话号码，会比较麻烦。

5. 信用卡

每月月租和手续费通过信用卡支付。

6. 银行账户

银行账户是在亚马逊上收款需要的材料。注册时不需要，注册账户后在专用页面上设置，但最好提前准备，以便在注册后立即进行设置。

7. 公司营业执照

如果您是公司并想注册为卖家，则需要输入以下两条信息：
（1）公司营业执照编号；
（2）法人名称（在公司营业执照中注册的法人名称和注音假名）。
＊如果是个人销售，则不需要公司营业执照。
※ 关于个人和企业：

卖家账户有两种类型：个人账户和企业账户。个人版适用于从事副业或销售少量商品的卖家，企业版适用于经营公司的卖家。

可以在创建账户时，在"种类"列表中选择"个人"或"公司"。

如果是个人或独资经营者，选择"个人"。如果是公司，您将从四个选项中进行选择："国有公司""上市公司""非上市公司"和"慈善机构"。

个人和企业在功能上没有区别。针对个人，提交身份证明和银行流水；针对公司，额外提交公司营业执照编号和营业执照。

二、确定开店计划

准备好注册材料后，就可以制订您的开店计划。亚马逊提供两种销售计划："专业销售计划"和"个人销售计划"。现将两者特征汇总如下，供参考。

开店计划	特征
专业销售计划	・能够销售原创商品或者尚未销售的商品； ・可以新建商品名称和商品图像； ・每月租金为 4900 日元＋销售费； ・可以查看数据分析等报告； ・有可能获得购物车； ・适合销售大量商品的卖家
个人销售计划	・只能销售亚马逊热门商品； ・每件商品将收取 100 日元＋销售费； ・原则上不能获得购物车； ・适合小规模销售商品的卖家

个人销售计划每售出一件商品收取 100 日元的费用。虽然有限制一次只能销售一件商品，但可以销售家中的二手商品以及自己采购的商品。但是，您将无法发布未在亚马逊目录中发布的商品，也无法发布昂贵商品或服装。此外，除了对发布类别进行限制外，还无法获取购物车来优先销售自己店铺的商品。同时，还存在许多不利于销售的问题，例如无法使用免费送货选项、提供给用户的付款方式有限等。

但是，由于没有固定的月费用，可以上传商品后再好好想一想今后的方针。个人销售计划主要是适用于初学者和处理闲置物品的普通卖家账户。

第二课　专业销售计划

如果是专业销售计划，则可以充分利用亚马逊卖家可用的功能。如果想真正从事亚马逊网店运营，我们强烈建议您使用专业销售计划进行销售。个人销售计划每售出一件商品收取 100 日元的费用。专业销售计划无论销售的数量是 0 还是 500，每月固定收取月租 4900 日元（不含税）。换句话说，如果您每月销售超过 50 件商品，最好根据专业销售计划进行销售。

专业销售计划不用每售出一件商品收取 100 日元的费用，可以销售大多数类别商品（某些类别需要亚马逊的许可）。专业销售计划将扩大您的销售范围。

但是，专业销售计划每月的固定费用为 4900 日元，因此，必须从卖家中心确认您的销量，并始终考虑商品的周转率和销售期限。此外，由于销售的商品种类和数量的增加，可以使用 FBA 来提高运输效率。

个人销售计划和专业销售计划各有优缺点，可以在两种类型的账户之间自由切换。

第三章 采购

第一课 选品

一、亚马逊卖家行为准则

首先,需要了解亚马逊卖家行为准则。亚马逊的销售政策、条款、指南均根据《卖家行为准则》的原则制定。请遵守如下所述的亚马逊销售行为准则:

(1) 遵守法律以及亚马逊条款;
(2) 及时更新您的账户信息;
(3) 切勿注册虚假信息;
(4) 始终致力于确保亚马逊买家安心购物;
(5) 切勿发布可能危及亚马逊买家的商品;
(6) 切勿从事误导性、不当或冒犯性的行为;
(7) 始终公平行事;
(8) 请勿从事任何违反《价格协定》的行为。

二、风险防控

1. 不得销售违禁品

例如,不得销售折叠刀具、需要医生处方的商品以及第 3 类或第 2 类药物。上述商品不仅违反了亚马逊条款,还违反了法律。请勿发布违反《药机法》[①] 和《枪支刀具管制办法》的商品。

2. 平行进口商品不得作为官方进口商品出售

平行进口商品是指从海外正规店采购的,来源于第三方,而非官方的产品。平行进口是没有保障的。如果您将平行进口商品作为常规进口商品销售,亚马逊无法保证该商品是正品,因此建议将平行进口商品和常规进口商品分开销售。

3. 不得侵犯知识产权和商标权

知识产权和商标侵权,很难界定。一般来说,营养食品和健康食品类的初次免费的

---

① 药机法:原名药事法,2014 年,管控范围扩展到医疗器械相关,所以更名为药机法。是日本关于化妆品、医药品、医药部外品、医疗器械、再生医疗产品相关的管控法律。

商品，一般都不行。0元购或联盟营销商品虽然比较常见，但在亚马逊是绝对不能销售的。即便是在Mercari①，也会收到来自制造商的警告，不能为了谋利，销售背负风险的商品。为防止这种风险，请提前确认您的商标权。

4. 需要批准才能销售的商品类别

亚马逊为了提高购物者的购物体验，限制了部分类目商品新商家追加上架商品，并严格监控。这些措施是针对相应类目商品类别而设置的。反映了对消费者安全、商品品质、品牌建设、进出口限制的担忧。

如果您想销售以下类别的商品，则必须提前申请并获得批准：酒类、动物和动物制品、汽车用品、一类护肤品和化妆品、货币、硬币和现金等价物、营销辅助食品、药品、武器和仿制武器、食品和饮料、成人用品、令人不适的商品、亚马逊装置、用于维修保养的配件、电子产品和电子设备、激光笔及关联商品、赃物和开锁设备、医疗器械及相关产品、植物、植物制品、种子、召回产品、烟草和烟草制品、化学品、农药和肥料、回收电器、大麻二酚（CBD）商品。

三、选品的方法

在寻找热销商品之前，应该了解日本人的商品喜好和日本市场的特点。日本客户的普遍特征是重视品质、包装、服务和喜爱简单舒适的设计。同时，日本是世界上人口老龄化较快的国家，65岁及以上人口占总人口的28%，因此老年用品和老年人娱乐商品的市场潜力巨大。日本也是世界上生育率最低的国家，2023年日本总和生育率降至1.20，出生人口不到80万，许多年轻人没有育儿压力，因此宠物用品和游戏等娱乐项目越来越受欢迎。

1. 明确目标客户特点和属性

目标客户分析必须非常细致。例如，从几岁到几岁？他们的收入怎么样？地域分布如何？购物时间段是什么时候？对什么卖点感兴趣？让他们轻松下单的价格范围是多少？怎样才能获得回购？针对销售方，首先确定目标客户是很重要的。

2. 利用亚马逊排名

在亚马逊上，理想的状态是销售尽可能多的畅销商品。有几种方法可以找到畅销的商品，例如使用亚马逊排名。亚马逊排名按销售额显示每个类别中排名前100的商品。您可以前往亚马逊排名官网，点击"热门商品"，查看哪些商品购买率飙升。

销售在销售排名中名列前茅的商品。因为它排名靠前，应该很受欢迎，相对比较好销售。排名在顶端还是垫底，是判断一款商品是否受欢迎、是否畅销的标准之一。热门

---

① Mercari：2013年由山田进太郎创立，是日本最大二手电商平台，类似于中国的二手交易平台"咸鱼"。

商品畅销，但销售不知名或不受欢迎的商品需要时间。建议选择排名靠前且评价高、短时间内能销售完的商品。

除了亚马逊排名，还可以使用 Amazon search、Amazon Movers • Shakers、Amazon New Releases、Google Trend、Amztracker 等软件搜索商品排名情况。

3. 不要错过销售旺季

有些商品在特定季节和时期销量会增加。例如，在 6 月下旬和 12 月中旬，普通上班族会获得奖金，这增加了用户需求，相对高价的商品也有市场。

传统的年度活动是每年特定时间举行的仪式和活动。"年度活动"一词出现在平安时代，最初是指在以天皇为中心的宫殿中举行的活动，但后来民间的活动和节日也被称为年度活动。

日本新年从每年的 1 月 1 日开始。从元旦（1 月 1 日）到 1 月 3 日的三天被称为新年，全国放假，新年装饰品的需求量很大。

二月是节分和情人节，巧克力非常受欢迎。三月是女孩节和白色情人节，娃娃和相机用品的需求量很大。4 月是赏樱、入学仪式和求职期，5 月是端午节、母亲节，6 月是父亲节，7 月是七夕和夏季祭典，8 月是盂兰盆节，9 月是结婚季，10 月是万圣节、文化节，11 月是七五三节，12 月是圣诞节和年终派对。根据节日的不同，易于销售的商品也会发生变化。出售节日期间的畅销商品也是一个不错的方案。

日本主要的传统节日活动

1月	2月	3月	4月	5月	6月	7月	8月	9月	10月	11月	12月
新年	节分、情人节	女儿节、白色情人节	赏花、入学式、就职活动	端午节、母亲节	父亲节	七夕、夏季祭典	盂兰盆节	结婚季	万圣节、文化节	七五三节	圣诞节、年终派对

第二课　进货

如果我们选好了商品，下一步就是进货。可以从实体店进货，也可以线上进货。把握网络进货源并比较多个进货网站，以尽可能低的价格高效地采购热门商品。

线上供应商主要包括批发网站和网上商店。

1. 批发网站

典型的批发网站有阿里巴巴 1688.com、货捕头和中国制造等。

批发网站基本上都出售新商品，如果想尽早采购新品，这些网站就很实用。

2. 网上商店

由个人或企业自行建立和运营的网上商店,是采购特定商品时的宝藏供应商。此外,如果您想采购一些其他卖家还没有注意到的商品,也可以选择它。

第四章　上传商品

第一课　创建商品页面

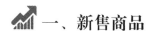

一、新售商品

只有出售新商品才能在亚马逊上创建新的商品页面。

出售新商品是指新建商品页面,销售尚未在亚马逊注册的商品。亚马逊有两种计划,分别为个人销售计划和专业销售计划。在亚马逊创建商品页面,仅有专业销售计划才能参与。

个人销售计划	100日元/商品+销售费
专业销售计划	4900日元(不含税)/月+销售费

出售新商品,需要在创建商品页面时设置商品描述和图片。如果要发布的商品存在于亚马逊上,将无法创建新商品页面。在这种情况下,可以采用"拼车发布"。"拼车发布"是指在已在亚马逊注册的商品页面上发布您账户中的商品。由于使用的是已注册产品页面进行发布,商品描述和图片将显示为由其他卖家提交的内容。

二、商品页面的重要性

亚马逊商品页面是商品与买家之间的桥梁。商品页面极为重要,直接影响商品销量。

一个好的商品页面可以通过捕捉客户的需求并最大限度地展示商品的魅力和特征来激发客户购买欲望,如果它准确地描述了商品优势和使用感、尺寸和容量等信息,它可以成为与竞争对手竞争的比较材料。相反,信息不全或令人难以理解的商品页面可能会消减客户购买欲望,对商品销售产生负面影响。换句话说,商品页面的水平直接影响亚马逊商品销量。

第二课　销售价格

商品销售价格是决定商品销量的最重要因素。在发布商品时,首先必须做的事情就是设置合适的销售价格。亚马逊经常与其他竞争对手竞争,不由得就会想低价销售策略。

但是，如果这样做，对方可能会效仿，最终饿死同行，累死自己，导致赤字。为了在网上以及所有的商务活动中获利，必须慎重考虑后设定销售价格。

一、设定销售价格

设定销售价格的常用公式是："销售价格－成本＝利润"。

"成本"是指商品的总成本，如采购费用、运输成本、包装材料成本、人工费等，是销售商品花费的所有费用。

如果购买了商品并进行了进一步的加工，则加工成本也包含在成本中。

成本计算：例如，如果您想出售原创布娃娃，以下是计算成本的方法。

成本示例：

- 采购费用：500日元/个×20个＝10000日元
- 采购运费：600日元
- 包装材料费（塑料袋：40个600日元）：600日元
- 人工费：1000日元/小时×2小时（加工工作和包装所需时间）＝2000日元

合计：500日元/个×20个＋600日元＋600日元＋1000日元/小时×2小时＝13200日元

◎成本费用：20个13200日元，1个660日元。

这种情况下，每个娃娃的成本费用为660日元。

二、合适的售价定价方法

（1）销售价格设置为价格从低到高排序顺数第3到第5之间。但是，也必须考虑Amazon Prime相关条件。Amazon Prime使用FBA发货。如果使用FBA，则可以享受"当日加急配送"等服务，这在运输方面具有显著优势。如果不使用亚马逊物流，要确定商品价格，则可以在亚马逊上搜索商品名称，然后先排除亚马逊Prime价格。接下来，参考购买页面的售价，找到相同条件下的最低价格。

（2）按成本率计算销售价格。代表性的销售价格的计算方法，是基于成本率的计算方法。简单地说，就是定销售价格的百分之多少为成本。如果想以成本率30%来销售成本为1000日元的产品，计算如下：

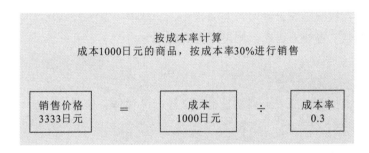

（3）根据您预期的利润率计算销售价格。这是一种"您想要多少利润"引出的逆向思维方式。如果您想在销售成本1000日元的商品时，获得70%的利润，您可以按以下方式计算：

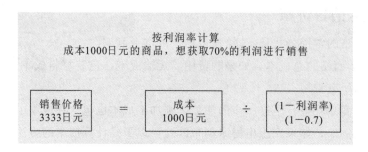

第三课　商品的A＋页面

在商品的购买页面，价格越低的卖家将显示在越前的位置。但用户不只是因为价格而购买。提供尽可能详细的商品描述非常重要。

亚马逊商品A＋页面，显示在商品详情页面底部。使用图片和文本，丰富商品特征、使用体验等商品详情页面上的内容。在亚马逊使用A＋页面，前提必须是专业销售计划卖家。

一、亚马逊A＋页面分类

亚马逊A＋页面，分为以下三种类型。

1. 基础A＋

基础A＋是将商品特征和用途等信息添加到商品详情页面的图文版商品详情页面。您可以对商品的魅力和使用评价进行补充，引导消费者购买。基础A＋介绍内容中可以设置的项目如下：

（1）使用17种类型的模块进行版面编辑；
（2）编辑段落标题和图片等；
（3）追加商品比较图表①；
（4）分条列表和编号列表等的文本编辑。

如果您是专业销售计划卖家，则可以免费使用它。

2. 优化A＋

优化A＋是指比基础A＋更高质量的图文版商品详情页面。

---

① 商品比较图表：将店铺中其他类似款式的ASIN链接加入进行对比展示，一定程度上可以给顾客提供另一种选择，给其他ASIN带去流量，进行关联销售。

可以使用的模块选项有很多，例如插入视频，并且升级了商品比较图表的内容和图片像素，因此页面更具影响力。

此外，从 2023 年 10 月起，优化 A＋使用的商品比较图表上，可以显示评论和价格，能追加购物车，不用跳转页面就可以直接购买，所以建议使用。

优化 A＋目前处于促销期，因此使用不收取任何费用。在促销期结束前，最好满足使用条件，使用优化 A＋。促销期结束后，亚马逊会通知您缴费，因此您不必担心未经您的同意被扣除费用。

以下是基础 A＋和优化 A＋比较表，不知道如何选择的，建议参考下表。

	基础 A＋	优化 A＋
文本和图片	可以使用	可以使用
商品比较图表	可以使用	可以使用评论、价格、追加购物车
模块数量	17	19
视频、热点	没有	可以使用
轮播动图	没有	可以使用

3. 品牌故事

品牌故事和基础 A＋及优化 A＋出现在 Listing 的不同位置，因此可以配合使用。

可以在计算机或智能手机上全屏显示模块详情，这对消费者有很大冲击力。还可以设置与其他商品和品牌店的链接，可以有效地吸引客户。

二、亚马逊 A＋页面的优势

1. 有望通过增加商品页面上的信息量来提高 CVR（转化率）

使用 A＋页面，可以比普通商品详情页面融入更多的信息。它的特点是，在普通的商品详情页基础上，添加了图文并茂的商品说明和商品比较图表等内容。

对于消费者来说，信息量越大的商品，他们越愿意购买，因此，转化率也会提高。另一个优点是，在图片和文本上下功夫，很容易将自己的商品与其他公司商品区分开来，在竞争中获得优势。

2. 影响亚马逊 SEO[①] 评价

使用 A＋页面，可以增加商品页面上的信息量，从而对亚马逊 SEO 产生积极影响。

---

① 亚马逊 SEO 是为了提高商品在亚马逊搜索结果中的排名和可见性而进行的优化过程。与传统的网站 SEO 不同，亚马逊 SEO 主要集中在亚马逊平台内部，通过合理使用关键词和内容优化等方式，让商品在搜索结果中获得更高的曝光度，吸引更多的潜在买家。

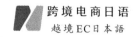

虽然亚马逊 SEO 没有明确的标准或算法，但以下因素普遍认为很重要：

因素	获得好评的主要措施
商品名称	・适当加入检索高频关键词 ・容易检索的商品标题
商品规格	・适当加入检索高频关键词 ・填写便于理解商品的必要信息
商品描述	・商品详细介绍和卖点
销售业绩	・最近一周的销售业绩
CVR	・将 CVR 提高到一定标准
库存	・保证库存充足
价格	・设置合适的价格

A＋页面指南的主要内容如下，详情可前往亚马逊卖家中心"帮助"栏确认。

项目	内容
图片	・对应的图片格式为 jpg、bmp、png ・图片清晰、品质高
文本	・不能使用指定语言以外的语言 ・避免语法和标点符号错误及滥用字体设置
表示和获奖	・获奖和推荐文要详细记载日期 ・不能写两年前获得的奖项 ・填写认定时，需要相关的文件证明
限制事项	・不得违反亚马逊政策 ・不得写自己公司相关内容 ・不得写运费及个人信息等

当您使用 A＋页面时，普通的商品详情页面将不再被显示。不能合并使用 A＋页面作为普通商品详情页面的补充描述，所以一定要仔细考虑您想用哪种来介绍商品。

第四课　商品名

当销售一个新商品时，自然要考虑商品名称。用户往往根据商品的价格和商品页面上的描述内容，以确定在哪里购买。但是，只要想办法，就能更有效地提高商品关注度并激发用户的购买欲望，而方法之一就是给商品起一个有吸引力的名字。事实是，无论商品多么吸引人，如果商品名称的吸引力较弱，就很难销售。换句话说，商品名称不但考验商家品位，而且影响商品销量。

一、亚马逊商品命名规则

1. 亚马逊要求填写商品的正式名称

商品的正式名称除品牌名称和制造商名称,还包括完整的商品编号、版本信息,不能用简称。例如"HUAWEI60",版本名称本身就是商品名称时,则写"HUAWEI60"而不是"HUAWEI",以便清楚地识别商品。

2. 设置商品名称时,请遵守亚马逊指定的字符数

亚马逊规定,商品名称中的字符数不应超过50个字符(全角),包括空格。对于时装(配饰)、鞋包、手表、珠宝等类别,全角字符数不超过65个字符,包括空格。

除某些类别外,您有必要将商品名称的字符数控制在50个(全角),包括空格。

3. 在亚马逊上确定商品名称时,请务必牢记半角规则

半角片假名被许多电子商务平台认可,但不能在亚马逊上使用。亚马逊还将数字输入限制为仅输入"1"和"2"这样的阿拉伯数字。禁止使用中文数字,因此在输入数字时,请注意不要违反规则。此外,亚马逊还规定字母和连字符必须以半角字符输入。

此外,在商品名称中包含空格时,请务必以半角字符输入。例如,"制造商名 商品名称 500ml×24瓶 整箱"这样,在为每个项目输入关键字时使用半角空格。

4. 亚马逊商品名称还必须包括容量和天数

容量是商品含量的多少,例如"商品名称○○ml"或"商品名称○○g"。一般的商品不会写天数。如果您在亚马逊上发布商品,商品名称中包含天数信息,就是活动免费体验的时间。例如,销售提供30天免费试用体验的销售管理软件,请在商品名称中包含"附带30天免费试用"的免费试用天数。

5. 如果在亚马逊上销售限时商品,则必须在商品名称中包含购买期限

例如,如果您想免费销售电子书,请在商品名称中明确说明它是限时销售并且是免费的,例如"商品名称[限时免费]"。如果商品有固定的购买期限,请在商品名称中指定购买期限的具体天数和日期,例如"限时价格×/×~×/×"。在这两种情况下,都应在商品名称的最前面输入表示"期间限定销售"的关键字。

6. 请勿包含与商品无关的信息

亚马逊商品名称不得包含与商品无关的信息。在电子商务销售中,与商品名称无关的关键字的常见示例是"促销""超级便宜""包邮""80%折扣""即时交货"等关于低价、优惠和交货时间的信息。此外,"春天""初夏""夏天"等季节性名称也属于与商品

没有直接关系的关键字。在亚马逊上上传商品时，要有意识地列举与商品名称相关的用语。

7. 请勿包含与商品无关的字符

亚马逊禁止在商品名称中包含与商品无关的字符。与商品名称无关的字符主要是"！"和"☆"等符号、特殊文字和机种依存文字。在其他电子商务平台，可能允许在商品名称中使用符号、特殊文字和机种依存文字，但亚马逊不允许。但是，如果商品名称或品牌名称本身包含"！"和"☆"等符号、特殊文字和机种依存文字，则可以在商品名称中输入。

如果商品名称中包含与您在亚马逊上的商品不相关的字符，则该商品可能无法在搜索引擎中正确显示。因此，在输入符号、特殊文字和机种依存文字时要注意。

8. 包含进货渠道和状态

根据在亚马逊上销售的商品类型，有些商品名称还必须包含进货渠道、商品状态的词。如果商品来自授权经销商或正规制造商，则不需要特殊说明。但是，对于通过上述方法以外的方法采购的产品，必须在商品名称中明确附加以上信息。例如，在商品名称中包含"奥特莱斯商品""大宗商品"和"平行进口商品"等关键字，就可以知道商品的来源和状况。

在亚马逊，即便是销售没有品牌名的非品牌商品，也必须在商品名称前注明"非品牌商品"。在亚马逊上确定商品名称时，请提前与供应商确认进货渠道和产品状况。

9. 包含批量销售相关词

在亚马逊上批量销售商品，商品名称要包含识别批量销售的词。例如，"3件装"或"20种装"。必须清楚地标明要出售的商品的内装物和数量。电商销售常见的福袋，也是批量销售较常用的关键词之一。在亚马逊上批量销售时，如果实际商品与商品名称不符，则存在商品被下架的风险，因此在商品发布时要小心。

二、畅销商品名称的共同特征

1. 有故事感

长期畅销的商品，往往它们的商品名称有故事感。例如，糖果制造商龟田制果股份有限公司销售的"Happy Turn"据说是为了祈愿摆脱经济衰退而命名的。预测经济环境会变好，受其影响，即使面临逆境，也会不自觉地产生"可能会发生好事"的期待，有些人就开始购买，甚至可以想象购买过程、剧情画面。

2. 有冲击力

受欢迎的商品名称总是有冲击力的。据说日本可口可乐株式会社销售的软饮料

"Qoo"，用"咕咕"这个词来表现像成年人在喝啤酒时一样的满足感。听到它的品名起源时，感觉非常直截了当和大胆。正因如此，作为商品名称才具有冲击力。商品好喝就不用说了，商品名称有新意，所以受欢迎也是理所当然的。

3. 具有时尚气息

波路梦股份有限公司销售的"白色洛丽塔"和"塞纳巧克力"深受女性的欢迎。目标受众是年轻女性也就不足为奇了。通过让人联想到法国糖果，来提高销量。将独特风格赋予时尚气息，就能表现出高级感。虽然有必要考虑男女老少不同人群的口味，但消费者对时尚的喜爱，是不分年龄的。

第五章　市场营销

第一课　亚马逊广告

在网上开店本身很容易，但是这不等于你的商品能卖出去。开店后，为了吸引消费者，最好提前准备销售策略进行店铺运营。在此，首推的就是亚马逊广告。

一、什么是亚马逊广告

亚马逊广告是亚马逊平台运营的广告。亚马逊平台商品数量达到数亿种，想要让用户了解自己运营的商品，亚马逊广告就是非常有效的方法。

受疫情影响，越来越多的人在网上购物，以前只在实体店销售的企业也开始在网上销售，线上商品数量日益增多。因此，了解亚马逊广告相关知识显得尤为重要。

二、使用亚马逊广告的好处

（1）使用广告进行宣传，举办相关促销活动，吸引客户，在亚马逊平台内播放广告来最大限度地提高销售额。

（2）实现销量良性循环。通过投放亚马逊广告，提升顾客对商品的认知度。当人们了解您的商品时，商品详情页面可以获得更多浏览量，从而增加销量。如果销售数量增加，亚马逊将判断该产品为"受客户欢迎商品"，在亚马逊上的搜索排名将会前移。这将增加被顾客认知的机会，从而实现销量最大化。

（3）有些广告费用可以从投放少量资金开始。有些广告是按展示付费的，有些广告是按点击率付费的，您可以从按点击率付费广告开始。您还可以设置每日广告预算，即使少量资金，也能投放广告，这是亚马逊广告的一个优势。

三、亚马逊广告的类型

1. 商品推广广告

想进一步提高商品的知名度时，就可以使用商品推广广告。因为商品推广广告费用较低，所以如果想立即投放广告，建议从商品推广广告开始。它可以发布在两个地方："搜索结果页面"和"商品详细信息页面"。

商品推广广告是按照广告点击率计费的广告。

（1）通过点击，提高销量。商品推广广告将顾客直接引导至商品详情页，让顾客只需点击一次或两次即可轻松浏览或购买，从而帮助提升单件商品的销量。

（2）让顾客了解商品属性，引导顾客购买。商品推广广告仅在推广的商品有货时显示，并且包含值得信赖的亚马逊购物属性，从而帮助顾客在点击商品之前，了解商品属性，做出浏览及购买决定。

（3）根据特定需求，进行广告管理。每日预算管理广告费，有利于更好地控制支出。

（4）根据广告预算，寻找最匹配的顾客。只有在顾客点击您的广告时才需支付广告费，从而确保您投入的资金用于开发积极互动的顾客。

2. 品牌推广广告

品牌推广广告的目的是提高品牌知名度，通过关键词和竞争页投放。它显示在搜索结果页面的顶部。

品牌推广广告是帮助亚马逊站内顾客发现品牌的广告类型。

（1）展示在检索结果上方或者商品页面，有助于吸引客户注意力。

（2）通过选定准确的关键词和商品，锁定重要的购物群体。

（3）在亚马逊站内，强化品牌宣传，有助于提高顾客的品牌认知并建立与顾客的信赖关系。

（4）使用了创意元素的品牌广告，相比仅用商品图片的广告，点击率和品牌搜索量能不断提升。

3. 展示型推广广告

您只需选择要推广的商品，该类型广告就会根据买家的购买行为在亚马逊内外自动生成。该广告自 2019 年 10 月底起在日本上架。广告链接到商品页面，优势在于能够根据浏览和购买趋势自动创建，但缺陷是不能自主创意。

亚马逊展示型推广广告和其他推广广告最大的不同就是展示方法不同。商品推广广告和品牌推广广告是根据顾客检索关键词或者特定商品进行展示，而展示型推广广告是根据商品或者顾客的购买行为进行展示。

广告类别	展示方法
商品推广广告	检索关键词或者商品
品牌推广广告	检索关键词或者商品
展示型推广广告	商品或者顾客的购买行为

展示型推广广告的优势：

（1）可以在亚马逊站内外展示，大范围提高商品及品牌认知度。

（2）能够基于顾客过往的购买行为进行再度营销。所谓的再度营销，就是对曾经访问过商品详情页或者购买过商品的顾客，再次进行营销。

（3）可以锁定其他推广广告无法触及的购物群。

第二课　其他销售策略

其他的销售战略可能不太被周知，但除了广告之外，亚马逊还提供多种促销策略。

1. 秒杀

秒杀是在有限的时间内进行的销售活动。除在超市和百货公司等场所举行外，电商网站也会举行。秒杀分两种：常规秒杀和限量秒杀。

常规秒杀是指在这段时间内以促销价格出售，数量不限；而限量秒杀仅以固定数量出售，先到先得。

2. 组合销售

组合销售是将顾客想要购买的商品和其他商品组合在一起，引导顾客购买，促进销售。两件以上的同类商品，或多种商品捆绑销售，这也将降低用户承担的运费，并更轻松地清理库存。在亚马逊上单独订购商品时，基本上每个商品都会产生规定的运费。组合销售很划算，因为消费者只需支付一个商品的运费。

转换率（购买率、交换率）＝购入件数÷访问量。例如：100人浏览了该商品，其中2人购买，转换率就是2％。通过组合销售，购物件数增大，也可以提高转换率。

3. 设置引流商品

引流商品是指不是为了盈利，而是为了吸引更多客户的商品。

4. 利用亚马逊宣传推广

亚马逊针对制作了新商品详情页面的商品，创建各种各样的促销活动，可以进一步提高销量。

亚马逊宣传推广的类型：

（1）包邮：购买一定数量或金额，包邮。

(2) 打折：购买一定数量或金额，价格自动打折。

(3) 买一送一：购买一定数量或金额，免费赠送同一商品。

※禁止使用电子邮件：所谓电子邮件，这里是指针对已经在店铺购买了商品的回头客发送的邀请再次光顾购买的邮件。亚马逊禁止商家向客户发送促销活动的电子邮件。

第六章　物流

第一课　自发货

一、如何将您的商品运送到海外

将商品寄往海外主要有两种方式：航空邮件和海运邮件。

航空邮件的特点在于其运输时间短。它可以在短短1~4天内交付到世界各国。有许多类型的运输公司和运输计划。缺点是它比海运贵。这种运输方式适合昂贵商品或者极易变质的商品。

海运邮件的特点是能够廉价地运送大量货物。海运通常用于运输商业货物，适合运输大量商品或大型商品。但是，运输时间需要1~3个月，配送时间长。

二、亚马逊两种配送方式

亚马逊两种配送方式：自行配送和亚马逊配送服务（FBA）。

如果您在亚马逊上开设店铺，则可以自由选择自行配送或使用亚马逊配送服务（FBA）。

三、自发货

（一）自发货的优势

自发货是商品售卖后，不使用FBA，自己准备纸板和缓冲材料，包装并发送给客户的运输方法。

(1) 亚马逊手续费只需销售佣金。

(2) 如果是小型商品，可以获得更大利润。根据商品类型，多少有所差异，但小型商品通常处于相对"低价区间"。因此，关键点之一是您是否可以通过降低运费来保持较高的利润率。即使可以采购预期利润大的商品，但如果利润被运费挤压，那也毫无意义。在销售书籍和CD等商品时，与FBA相比，可以根据情况选择Click Post或Letter Pack等运输方式来降低运输成本。

(3)迅速开展销售活动。如果您使用 FBA，则需要将商品运送到 FBA，FBA 受理，反映到商品详情页，销售商品，整个过程大概需要 3 天。如果您附近有 FBA 仓库，可能会更快一些。但是如果自行发货，您可以在注册商品后几分钟内开始销售。因此，如果想快速销售商品，建议考虑自行发货。

（二）自发货的缺点

(1) 因为必须自己完成包装和运输工作，所以很辛苦。

在自行发货的情况下，需要自己完成包装和运输工作。您拥有的商品越多，包装和运输就越困难。

(2) 需要一个库存存储区域。

需要考虑将商品存放在哪里。如果您有很多大件商品，您将没有地方存放，因此您必须考虑仓库大小。如果不能确保存储空间，那这也是自发货的缺点。

(3) 购物车获取率降低。

亚马逊物流商品优先排在第一个购物车中，从而更容易获得购物车。使用亚马逊自行发货，如果 FBA 商品较多，则很难获取购物车，这点要注意。

(4) Prime 标记不会显示在自配送商品上。

缺少 Prime 标记意味着 Prime 会员没有任何福利。因此，它不太可能被 Prime 会员购买。而且，没有 Prime 标记，卖方信息会被广泛浏览，因此，有必要提高账户好评率。

第二课　FBA

亚马逊 FBA 物流是亚马逊代您"订单处理、运输和退货"的物流方式。您所要做的就是提前将您的商品运送到亚马逊的仓库，剩下的交给亚马逊。

一、FBA 的优势

(1) 使用亚马逊物流，您可以减轻从包装到运输的订单配送负担。完成亚马逊物流注册后，您需要为打包好的商品贴上特殊标签，并将其发送到配送中心。客户下单后，商品会自动从配送中心发货。万一商品有缺陷，亚马逊的客服将为您处理所有退货和退款程序。节省的时间，可以用于商品选品和采购。

(2) 在运输方面比其他卖家更具优势。在自行发货的情况下，从确认订单到商品到货，难免需要几天时间。但是，如果您使用 FBA，您将能够使用亚马逊的"当日加急配送"等功能来更快地配送您的商品。此外，FBA 仓库一年 365 天、每天 24 小时运作，因此从下单到发货的流程非常顺畅，很容易获得客户的良好印象。换句话说，从客户那里获得好评的概率必然增加，可以说这是 FBA 的最大优势。

(3) 成为亚马逊 Prime 商品。有资格享受加急配送和当日加急配送等配送福利，亚马逊 Prime 会员可免费享受这些福利。如果价格和评论数量相似，消费者通常希望购买

运输速度较快的商品，而不是运输速度较慢的商品。因此，交货速度是购买的判断标准之一。通过采取亚马逊物流配送，您还可以提高客户满意度。亚马逊物流一年 365 天、每天 24 小时提供服务，可以随时应对紧急情况。

（4）可以以亚马逊品牌销售。许多 Prime 会员会检查发货来源是否为亚马逊。归根结底，"是否亚马逊发货"是顾客决定是否购买的因素之一。事实上，从亚马逊发货，这不仅会给 Prime 会员带来信任感和安全感，也会给整个客户带来信任感和安全感。

（5）可获得购物车。在亚马逊平台，获得购物车可以显著提高商品的购买率。

二、亚马逊物流注意事项

（1）费用高。没有自发货那么麻烦，FBA 非常方便，但费用较高。

除销售佣金外，亚马逊物流还会收取配送代理费、库存仓储费等费用，在某些情况下还会收取退货手续费、商品处理费和长期仓储费等费用。

（2）难以检查商品的当前状态。如果您将商品发送到亚马逊的专用仓库，您将无法检查商品的状态，所以最好避免配送需要特殊材料或特殊储存方法的商品。受商品状况影响不大的商品适用于亚马逊物流。此外，卖方还将负责从亚马逊专用仓库退回货件的所有退货运费和重新启用亚马逊物流运输的运费。

三、FBA 费用体系

当您使用亚马逊物流时，您需要支付两种类型的费用：配送代理费和库存仓储费。

（1）配送代理费：客户下单后，亚马逊对商品进行整理分类、包装、配送给购买者（包括客服）而产生的费用。

（2）库存仓储费：根据商品的保管期限（天数）和体积产生的费用。

★也有可能产生其他费用。

1. 配送代理费

亚马逊将代替卖家进行"发货、包装和配送"业务，因此会产生费用。这就是"配送代理费"，其费用金额因商品的尺寸、重量和数量而异。

商品分类如下：

商品类型	尺寸/重量
小型	25cm×18cm×2cm 以内且 250g 以下
标准	45cm×35cm×20cm 以内且 9kg 以下
大型、超大型	45cm×35cm×20cm 以上或者 9kg 以上

※商品分类：要求包括包装在内每一条边都符合规定。例如，如果您的商品尺寸为 25cm×25cm×25 cm，则该商品将被归类为大型商品，因为该商品的高度超过 20 厘米。

以下引自亚马逊公布的配送代理费收费标准，供参考。

小型、标准1－标准4

商品	小型	标准			
		1	2	3	4
单个商品尺寸	25cm×18cm×2cm 以下	35cm×30cm×3.3cm 以下	60cm 以下（3边边长和）	80cm 以下（3边边长和）	100cm 以下（3边边长和）
单个商品重量	250g 以下	1kg 以下	2kg 以下	5kg 以下	9kg 以下
单个商品配送代理费	288 日元	318 日元	434 日元	514 日元	603 日元

大型1－大型8

商品	大型							
	1	2	3	4	5	6	7	8
单个商品尺寸（3边边长和）	60cm 以下	80cm 以下	100cm 以下	120cm 以下	140cm 以下	160cm 以下	180cm 以下	200cm 以下
单个商品重量	2kg 以下	5kg 以下	10kg 以下	15kg 以下	20kg 以下	25kg 以下	30kg 以下	40kg 以下
单个商品配送代理费	589 日元	712 日元	815 日元	975 日元	1020 日元	1100 日元	1532 日元	1756 日元

特大型1－特大型4

商品	特大型			
	1	2	3	4
单个商品尺寸（3边边长和）	200cm 以下	220cm 以下	240cm 以下	260cm 以下
单个商品重量	50kg 以下			
单个商品配送代理费	2755 日元	3573 日元	4496 日元	5625 日元

请务必确认商品配送代理费后，再定销售价格。

※单个尺寸超过 260cm 或重量超过 50kg 的商品不能使用亚马逊物流。

2. 库存仓储费

这是在亚马逊仓库中存储和管理商品的费用，是根据商品尺寸、存储天数和商品种类计算得出的。商品尺寸是体积，储存天数是从商品存放在亚马逊仓库之日到商品配送给买家之日之间的天数。

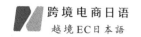

（1）服装、时尚小件、鞋、包。

	时间	费用计算公式
库存仓储费	1月—9月	3.10日元×｛尺寸（cm³）÷（10cm×10cm×10cm）｝×｛保管天数÷当月总天数｝
	10月—12月	5.50日元×｛尺寸（cm³）÷（10cm×10cm×10cm）｝×｛保管天数÷当月总天数｝

（2）其他商品。

	时间	小型、标准尺寸商品费用计算公式	大型、特大型商品费用计算公式
库存仓储费	1月—9月	5.16日元×｛尺寸（cm³）÷（10cm×10cm×10cm）｝×｛保管天数÷当月总天数｝	4.37日元×｛尺寸（cm³）÷（10cm×10cm×10cm）｝×｛保管天数÷当月总天数｝
	10月—12月	9.17日元×｛尺寸（cm³）÷（10cm×10cm×10cm）｝×｛保管天数÷当月总天数｝	7.76日元×｛尺寸（cm³）÷（10cm×10cm×10cm）｝×｛保管天数÷当月总天数｝

例如，三边分别为6.5cm×6.5cm×19.5cm的字典1月在亚马逊仓库存放15天，库存仓储费：

5.16日元×｛（6.5cm×6.5cm×19.5cm）÷（10cm×10cm×10cm）｝×｛15日÷31日｝＝2.06日元（四舍五入）

※根据存放时间不同，库存仓储费也不同。库存仓储费1月—9月、10月—12月两个时间段收费标准不一样，10月—12月往往更高。

※库存仓储费会随着系统的更新发生变化，有必要定期核对。有时，在您不知情的情况下，库存仓储费可能会增加，因此请务必核对。

※对于保管天数超过365天的商品，有可能会被征收长期保管费。

※除上述FBA手续费外，有时候卖方还需向配送员支付配送费，因为过于复杂，建议使用以下工具查询运费比较方便。

https：//sellercentral.amazon.co.jp/fba/revenuecalculator/index？lang＝ja_JP。

第七章 售后服务

第一课 取消订单问题的处理

售后服务业务是构建客户信任的基石，是获得回头客不可或缺的一个业务。售后服务极其重要，因为其内容和质量会左右客户的信任度。即使商品被购买，订单也经常被取消。

🛒 订单被取消时的应对

当用户取消商品订单时,取消请求将被发送到卖家后台中的"消息"栏和您亚马逊账户中的电子邮箱。如果商品尚未发货,您必须尽快从"管理订单"中取消。但是,商品已经发货,或者使用亚马逊礼品卡积分购买,或者虽然尚未发货,但自用户下单以来已经过去了30分钟,并且发货通知已经发送到亚马逊,这三种情况不能取消订单。

取消订单,很多时候是因为客户原因导致的,但有时也因为卖家原因导致。根据取消的原因,认真回复客户这点很重要。如果写错了,会对以后的交易产生负面影响,所以需要小心。

回复客户取消订单的例文如下。

例文一:

×先生/女士:

感谢您一直以来的关照。

我是××公司的××。

×月×日,我们收到了您取消商品订单的邮件。

商品名:××××

数量:×个

因为商品尚未发货,所以您取消订单的手续已经全部完成。

今后也诚盼您光顾,请多关照。

==================

署名

==================

例文二:

×先生/女士:

感谢您的光顾。

您的取消订单请求,我们已经收到了。能烦请您告知我们的不足吗?我们将不胜感激。

我们保证向客户提供以下商品:

(1)所有商品均质量保证,质保期为3年。

(2)客服完善,如果您有任何问题,我们的专业人员将在24小时内为您解答。

(3)一般在3~6天内送达。本商品有现货,可立即发货。

(4)我们将为今天订购的客户送上特别的礼物。

如果您能重新考虑,我们将深表荣幸。如果您撤回,我们将在商品发货后立即为您提供单号。

对于由此给您带来的不便,我们深表歉意,今后也请您多关照。

例文三：

×先生/女士：

感谢您一直以来的关照。

我是××公司的××。

×月×日您通过邮件跟我们联系的，××××号单据的取消手续已经完结，特此向您报告。

对于因生产延误给您带来的不便，我们深表歉意。未能赶上当初指定的交货期，我们诚挚道歉。

今后我们将尽最大努力防止这种情况再次发生，也恳请您多多关照。

第二课　其他状况的处理

一、退货和退款

就电子商务网站而言，与实体店不同，当商品交付时，不可避免地会出现"与我的预期不同"的情况。

亚马逊经常收到买家出于各种原因提出的退货和退款请求。

（一）退货原因

退货原因主要有两种类型：因用户原因退货，因纠纷或因商品缺陷退货。

（1）用户原因退货：买错了或购买后不再需要都可以退货。但是，退款金额会根据开封状态而有所不同。当客户申请退款时，必须决定是要全额退款还是部分退款。如果未使用且未开封，将全额退款（含税）；如果已开封，因客户自身原因退货，将最多退还商品价格（含税）的50%。

（2）因纠纷或商品缺陷退货：例如收到的商品与购买的商品不同，或收到的商品有所损坏等因卖方失误引起的退货自然也是可以的。商品价格（含税）、运费和手续费、礼品包装费全额退款或换货。

根据规定，如果需要退货，亚马逊要求买家在收到商品后30天内退货。如果超过30天退货，退款金额将减少20%，因此请尽量尽快退货。

（二）不能退货的商品

并非所有商品都可以退货。以下商品不能因用户自身原因退货：杂志、食品、饮料、酒、宠物用品、美容用品等。

此外，数字无形商品和可兑换现金的商品不能以任何理由退回，例如：数字音乐、游戏、PC下载商品、亚马逊礼券和从Android应用商店购买的商品。

（三）退货退款流程

首先，买家向您的亚马逊账户发送退货请求。

获得批准后，亚马逊将向买家发送退货发货标签。

商品退货，买家承担运费

退款处理

回复请求退货的例文如下。

例文一：

×先生/女士：

承蒙您一直以来的关照。

我是××网店的××。

感谢您前几天在我店下单。

据悉，前几天您在我店购买的商品，您希望退货。

因为是客户自身原因导致的退货，所以您需要承担发货运费和退货运费。

对于给您带来的不便，我们深表歉意，但只有您同意承担以下运费，才能退货。请您再次确认后，回复是否仍需退货，我们将不胜感激。

［您需要承担的运费］

600日元×2＝1200日元（含税）

＊出货时的运费和退货时的运费

如果您愿意承担运费，我们向您的信用卡请求支付运费。

此外，我们会要求快递公司取货，因此请告知您方便的日期和时间。

对于给您带来的不便，我们深表歉意，但请确认后给我们回复，谢谢您的合作。

［网店签名］

［网店名称］××

店铺网址：http：//×××．com
店铺联系方式：×××@×××．com
运营公司：××××
地址：中国湖北省武汉市高新技术开发区 321 号 邮编 830083
电话：027-1234-5678 / 传真：027-1234-5678
营业时间：工作日××点—××点

例文二：

×先生/女士：
承蒙您一直以来的关照。
我是××网店的××。
对于此次给您带来的不便，我们深表歉意。
为了向客户提供更好的服务，能告知我们您的退货理由吗？
另外，能向我们提供您收到的商品的照片吗？我们确认后第一时间处理。
谢谢，拜托您了。

例文三：

×先生/女士：
承蒙您一直以来的关照。
我是××网店的××。
感谢您前几天在我店下单。据悉，您希望退货。
由于我们的不足给您添麻烦，我们深表歉意。对此造成的不便，我们十分抱歉，同时恳请您办理退货流程。
我们希望我店指定的配送公司取货退回。请回复此电子邮件，告知我们您方便的日期和时间。
一旦产品退回我店，我们将取消您的订单。
请放心，您下单时使用的信用卡也将在订单取消时被解除。
对于给您带来的不便，我们深表歉意，感谢您的合作。
［网店签名］
［网店名称］××××
店铺网址：http：//×××．com
店铺联系方式：×××@×××．com
运营公司：××××
地址：中国湖北省武汉市高新技术开发区 321 号 邮编 830083
电话：027-1234-5678 / 传真：027-1234-5678
营业时间：工作日××点—××点

二、处理投诉

在售后服务中，最重要的就是处理投诉。如果真诚地倾听客户的声音并尝试快速礼貌地做出回应，网站的粉丝数量就会增加。与客户完成交易后的售后服务也是商家获得回头客的重要一步，为了提高现有客户的满意度，需努力加强投诉应对处理。

三、保修维修

应该完善售后商品保修和维修。由于环境问题和生活方式的改变，很多客户希望好的商品能长期使用，因此延长商品保修期并完善售后服务，是一个不错的应对办法。

参考資料
REFERENCE

1. 山口裕一郎,《Amazonで稼ぐWEBショップ閉店 & 販売》,技术评论社,2014年。
2. 黄旻婧,《跨境电商日语教程》,外语教学与研究出版社,2021年。
3. 厦门优优汇联信息科技股份有限公司,《跨境电子商务多平台操作》,中国人民大学,2022年。
4. 厦门优优汇联信息科技股份有限公司,《跨境电子商务营销推广》,中国人民大学,2022年。
5. 商品の返品依頼．返品希望へ返品するときのメール例文とテンプレート,「オンライン」：https：//urerunet.shop/mail-return1（2019/11）.
6. Amazon自己発送の方法まとめ！発送方法や送料、おすすめ配送業者も解説！,「オンライン」：https：//ecgrowthlabo.com/amazon-self-shipping（2023/11）.
7. 越境EC物流の課題や重要点を解説！配送方法を選ぶポイントとは?,「オンライン」：https：//leveragescareer.com/ja/cn/contents/article/3987（2022/06）.
8. クーポンとは? クーポンの種類・作成方法・効果測定など戦略を解説！,「オンライン」：https：//sellmarke.jp/article/direct-mail-strategy/effective-use-of-the-coupon（2022/11）.
9. 商品名の決め方・考え方。売れる名前には理由がある！,「オンライン」：https：//www.sungrove.co.jp/product-naming（2023/03）.
10. 最適な「販売価格」の決め方。価格を決める6つのSTEPと計算方法を解説。,「オンライン」：https：//baseu.jp/12547（2019/06）.
11.【売上UP!?】商品紹介コンテンツ（A＋）とは? 効果的な作成方法・メリデメご紹介！,「オンライン」：https：//sobani.co.jp（2023/06）.
12. 売れる商品ページを作るコツとは? 必要な要素工夫まとめ,「オンライン」：https：//products.sint.co.jp/siws/blog/product-page（2022/04）.

13. 越境ECの市場規模は？日本・世界のEC市場の成長率も調査，「オンライン」：https：//beecruise．co．jp/contents/cross-border-ec/article4（2023）．

14. Amazonについて，「オンライン」：https：//www．aboutamazon．jp/about-us（2023）．

15. AmazonのFBAとは？手数料やメリット・デメリットを徹底解説！，「オンライン」：https：//aqcg．jp/amazon-fba-commentary/（2023/03）．

16. Amazonセラーアカウントとは？登録に必要な手順や注意点まで徹底解説，「オンライン」：https：//aqcg．jp/amazon-fba-commentary/（2023/03）．

17. Amazonの経営戦略　必ず事業を成長させる好循環戦略とは，「オンライン」：https：//www．shikumikeiei．com/amazon-business-strategy/（2020/06）．

18. Amazonの商品画像ガイドライン！売れる画像に仕上げるコツも紹介，「オンライン」：https：//airphoto．jp/blog/ec-052（2024/01）．

19. 【Amazon】商品説明文の書き方を解説！，「オンライン」：https：//aqcg．jp/amazon＿setumei/（2023/12）．

20. Amazon出店（出品）方法や費用から楽天・Yahoo！との比較まで徹底解説！，「オンライン」：https：//saitoma．com/column/26063．html（2023/07）．

21. 越境ECとは？立ち上げに必要な準備や注意点、成功事例を解説，「オンライン」：https：//www．smbc．co．jp/hojin/magazine/sales/about-cross-border-ec．html（2023/08）．

22. 令和4年度 電子商取引に関する市場調査報告書，「オンライン」：https：//www．meti．go．jp/policy/it＿policy/statistics/outlook/230831＿new＿hokokusho.pdf（2023/08）．

23. 越境ECの市場規模について，「オンライン」：https：//www．worldshopping．biz/blog/ecommerce-marketsize2021/（2023/03）．